道

DAOSHAN

善

道　善　則　得　之

人与经典文库

人与经典

大学

爱新觉罗·毓鋆 讲述

陈纲 整理

花山文艺出版社

河北·石家庄

图书在版编目（CIP）数据

人与经典·大学 / 爱新觉罗·毓鋆讲述；陈绹整理. —石家庄：花山文艺出版社，2022.3

（人与经典文库 / 张采鑫，崔正山主编）

ISBN 978-7-5511-6024-7

Ⅰ.①人… Ⅱ.①爱… ②陈… Ⅲ.①儒家 ②《大学》—研究 Ⅳ.①B222.15

中国版本图书馆CIP数据核字(2021)第250330号

丛 书 名：人与经典文库
主　　编：张采鑫　崔正山
书　　名：**人与经典·大学**
讲　　述：爱新觉罗·毓鋆
整　　理：陈 绹

策　　划：张采鑫　崔正山
责任编辑：张采鑫　李 鸥
特约编辑：苏会领
责任校对：李 鸥
装帧设计：东合社-安宁
美术编辑：胡彤亮
出版发行：花山文艺出版社（邮政编码：050061）
　　　　　（河北省石家庄市友谊北大街330号）
销售热线：0311-88643221
传　　真：0311-88643234
印　　刷：北京天宇万达印刷有限公司
经　　销：新华书店
开　　本：880×1230　 1/32
印　　张：6.125
字　　数：115千字
版　　次：2022年3月第1版
　　　　　2022年6月第1次印刷
书　　号：ISBN 978-7-5511-6024-7
定　　价：48.00元

总序

一、今天我们为什么要读经典

意大利作家卡尔维诺（1923—1985）在《为什么读经典》这本书中，第一句话就说："经典就是你在重读的书，而不是你刚开始读的书。"这句话的意思是说，读经典不是只读一遍而已，而是要一读再读。卡尔维诺接着说："对于没有读过经典的人来讲，尤其重要，因为这是他重读的开始。"

那么我们该如何读经典呢？美国文艺评论家乔治·斯坦纳（1929—2020）在他的回忆录中的一段话很值得我们参考。他认为，我们在读经典的时候，应该注意三件事。第一，"我们要很清楚地知道经典在问我们：你读懂了吗？你知道我在说什么吗？你知道我想说什么吗？你知道我为什么要这么说吗？"换句话说，对于经典我们不只是读其表面意思，大概了解一下就行了，其实微言背后总是包含着大义，《中庸》说"人莫不饮食也，鲜能知味也"，就是这个意思。第二，他说："你既然知道经典在问你问题，你有没有运用你的想象力来回答？"意思是你要回答问题，就要发挥想象力与思考力，即《中庸》里所强调的"慎思之，明辨之"。第三，"你既然用你的想象力回答了问题，你自己在这个过程中有着怎样的收获？而这个收获将会使你产生哪些改变？"这就是孔子所强调的"闻义而徙"与"知之为知之"。读经典绝不能以望文生义的思维习惯去读字面的意思，读经典的目的是在启发你、接引你，发现自我，蒙以养正，最后让你有所改变，有所提升。

所以，我们读经典，应该深入其文本，思考文本的意涵到底在说什么，以及为什么要这样说，想象并体会作者在取材、书写时的思虑与用心，仿佛自己身临作者的境地，然后才能够代入自身体验，有所感动，进而化成行动——经典的阅读应以这样的态度来进行。

二、"人与经典"丛书的特色

"人与经典"丛书是一项人文出版计划。这项计划旨在介绍广义的中国经典作品，以期唤起新一代国民对中华文化的自信心，从而激发每个人生生不已的生命精神。取材的方向主要来自文学、历史、哲学方面，介绍的方法是对这些伟大作者的其人其事做深入浅出的概要介绍；以浅近的解析赏评为核心，并辅以语译或综述。"人与经典"强调以下三个特色：

其一，从人本主义出发，突出人文化成的功效，我们更强调"人"作为思考、践行，以及转化并提升生命、丰富生活的关键因素。

其二，我们不仅介绍经、史、子、集方面的经典，同时也试图将经典的范围扩大到近现代的重要作品。以此，我们强调重新诠释经典在为往圣继绝学，以及承先启后方面所产生的日新又新的时代意义。

其三，紧扣文本，正本清源解经典，不强调撰写者的个人感受，而特别体现出撰写者对经典的创新性解读与创造性转化的理念。

因此，今天我们重新解读经典与学习经典不应只是人云亦云。我们反而应该强调经典之所以能够流传长久，正因为其蕴藏的天人合一之常道及通古今之变的变道，每每成为后人温故而知新，以及经世致用的焦点，引起一代又一代人的思考与传承。只有怀抱这样对体用结合、形式与情境的自觉，我们才能体认经典所涵括的对传统的承继、人文精神的转换，以及政治理念、道德信条、审美意识的取舍等价值。

文学批评家萨义德（1935—2003）指出，经典的可贵不在于放诸四海而皆准的标杆价值，而在于经典入世的、以人为本、日新又新的巨大能量。

从《易经》《论语》《道德经》《诗经》《楚辞》到《左传》《史记》，从李白到曹雪芹，中国将近五千年的文化传统虽然只能点到为止，实已在显示古典历久弥新的道理。

人文是我们生活或生命中不可或缺的一部分。传统理想的文化人应该是文质彬彬，然后君子，若转换成今天的语境或许该说，人文经典能培养我们如何在现代社会里做个温柔敦厚、通情达理、知进退存亡而不失其正的真君子。

张采鑫　崔正山

2022 年 1 月 1 日

凡例

一、《大学》之经文，系采朱熹《章句》之分章，分为经一章、传十章。

二、本书以 1999 年毓老师讲授《大学》为主，并会通其他课程所阐述之相关内容综合整理而成。文中有关各家注解，视需要摘录，俾供参阅，不一一陈列。

三、为助大众深入阅读，文中有关背景及说明者，以仿宋体呈现；参考网络及相关著作者，略交代出处。如有疏漏之处，尚祈指正。

《大学》原是《礼记》中的一篇，朱子将其抽出，列为"四书"之一。朱子认为文中有错简、脱简，乃将之移补，而成修订本，以为经一章、传十章，并说："经一章，盖孔子之言，而曾子述之；其传十章，则曾子之意，而门人记之也。"

　　但是《大学》的作者是谁，并无定论。王阳明讲古本《大学》，即《礼记》之原本。《礼记》成书于汉代。

　　大学，又称"太学"，古时之大学也，清曰"国子监"。孔子曰"吾十有五而志于学"，即志于大学，此大学非专指太学、国子监，乃学大人之学也。《易经·乾卦·文言》云："夫大人者，与天地合其德，与日月合其明，与四时合其序，与鬼神合其吉凶。"辜鸿铭（1857—1928）所著《辜鸿铭的笔记·督抚学堂》云：

　　　　学问之道，有大人之学，有小人之学。小人之学，讲艺也；大人之学，明道也。讲艺，则不可无专门学以精其业。至大人之学，则所以求明天下之理，而不拘拘以一技一艺名也。洎（及也）学成理明，以应天下事，乃无适而不可。犹如操刀而使之割，锋刃果利，则无所适而不宜，以之割牛肉也可，以之割羊肉也亦可。不得谓切牛肉者一刀，而切羊肉者又须另制一刀耳。

亦即所谓"一法通，百法通"。孔子"博学而无所成名"（《论语·子罕》），通理以应万事。大学乃为学之最高境界，为学之目的，在求达大人之境界，以立不世之功。

大学者，学大也。"唯天为大，唯尧则之。"（《论语·泰伯》）学大者，学天也，学得好，则可与天合其德，亦即法天。大人之学，自"法天"入手，"天行健，君子以自强不息"（《易经·乾卦》），所学当用于所行，最后则达"大人者，与天地合其德"之境界。

大学，是大人之学。"大人者，与天地合其德"，何谓也？必学天，方能"与天地合其德"。既是学天，那"天"与"大"两者有什么关系？"唯天为大，唯尧则之。"大学即天学，学天才能则天，行为与天一样。真明白，脑子必得转，你们应真正学会用脑。现在多么热闹，就因为人都没有脑子。

什么叫大学？学大也。大，指天之用。大，无所不包，无所不容，有容乃大。"唯天为大"，大学即天学。尧先学天，成"尧则天"，是"公"则天；武则天，是"母"则天，其智绝不亚于尧。

学大，故成"大人"；则天，故成"天人"。但一般人无此毅力。应将自己所学用于生活上，学得好则"大人者，与天地合其德"。由大到天，学大则天。天是体，大是用，体用合一。

既是学大、则天，那何以不称天学？"天"比"大"小，因为有统它的，"大哉乾元，万物资始，乃统天"（《易经·乾卦》），元统天；而日月、星辰、山川，乃天之所统。又有谁看过天命，听过天声？

"与天地合其德"，天地之德，无私、好生，"生而不有，为而不恃"（《老子·第二章》），"天无私覆，地无私载"（《礼记·孔子闲居》）。

"与日月合其明"，"日月无私照"（《礼记·孔子闲居》），"日月有明，容光必照焉"（《孟子·尽心上》），照皇宫，也照茅屋，没有分别心。别人不喜欢你，那是你缺德，应检讨自己。

"与四时合其序"，春夏秋冬，四时之运，多有伦序！伦与常，必不能乱。

"与鬼神合其吉凶"，人死曰鬼，即祖宗，乃传统之所在；神，是有遗德在民者，是道统之所在，居于次位。既有传统（鬼），又有道统（神），也就是古圣先贤。"合其吉凶"，吉凶即好坏，"与鬼神合其吉凶"，即与古圣先贤同其好坏，这就是人奋斗的目标。

与传统、道统都合其好坏、善恶。那道统与传统有何区别？中国人有道德与智慧，自家祖宗称"鬼"，而对有遗德在民者称"祖师"，亦即"神"。祖师庙，祭神是为报恩，非祈福祈寿。宗教盛行，是因为没有文化。

必自根上了解，才能真明白。真明白了，还贵乎能行。试问自己能干什么，天天如同行尸走肉，连"说不"的胆量都没有。要好好认识自己，不必装腔作势！知道多，不能行，没有用。

一个孙中山，将中国史改写了。中国智慧是无尽藏的，就看你能吸收多少。脑子如何判断事？要知道怎么去判断、分析一件事。

何以不开始就学天？恐忽略了"大"的意义，"大人者，与天地合其德"。大，用；天，体。两个单位，一事之本末，体用一样。大学者，学大也，唯天为大，即天学。体用不二，才能合德。

为了不落空，因此要依经解经，不可以己意解经。但如对经书不熟，又如何依经解经？

文化浅，凡事没有通盘的计划，遇什么就扯什么。智慧低，可以慢慢培养，是功夫。培智，绝非一世之功。

每个团体都有界说、宗旨，奉元书院必有自己的思想。时代思想的产生都有背景，如朱子学为"闽学"。

还有，"台湾"名字怎么来的？查一查。一个人没有学问，可不能没有好奇心。

"台湾"一名的前身为"大员""台员""大圆""大湾""大冤"（以上诸名称，以闽南语念，皆谐音）、"台窝湾"等。明万历年间陈第《东番记》已用"大员"地名，可能译自南部平埔族（西拉雅族）对当地的称呼，或从其"台窝湾社"转化而来。"大员"在今台南市安平区，最初为海岸沙洲，后来指称范围扩大，或作为全台湾岛的代称。

人生存的环境会限制一切，懂得审视社会了，才能对付社会。不懂得分析，对一切同样地要求，就是错误。台湾要想安定，就挂着牌，安定几年，其他皆是做梦。要用脑子判断一事，而不是感情用事、固执己见。

没有学问，地位愈高，只是添愁。有时地位高，未必是福。人若是无所学、无所守，当然遇事就六神无主。是中国人，必建设中国，为中华民族而努力，必知道历代政治的得失，才知未来方向之所在。

你们缺少造就的机会，自己又不努力。但是盲目地读书，也没有用。必要如常山之蛇般变化灵活，多么有反应！如没有这样的反应，那就什么也不会成功。

智慧哪有新旧？许多人生在今天，思想却比古人还落伍！我们的思想、知识、智慧又赶上谁了？不懂的，今天懂，即是新。读完一本书，就得一结论，不必光抄"子曰"。盲目地崇拜、跟随，都是错误的。

看别人不对，要改正自己，好好严格造就自己。人要是不能治事，就没有学问。活几十年易混，但也最不好混。我一生不强求。既然你说的话他不听，那又何必说？应说他喜欢听的话，政治也是如此。

要随时用智慧。绝路是自己走的，并不是别人绝。人每天都是政治。孙子一开门，就赞他乖，要从小就培养智慧，随时培养。懂得"得"与"失"，自己培养。如果自己都不是领袖，还能教出领袖？

一切东西，要吸取精华。人的健康，完全在精神生活。我绝对不麻烦别人，生活简单，没有"说不好"的观念，人不是为吃饭而活。懂得怎么活了，才能活世、活民。

学多少，不能活学、活用，就没用，等于没学。应自根上造就自己。自诚意、正心，也就是自根上入手。有知识，没有成就，那还不如没知识，就清清白白活一辈子。快快学，这块土马上就要用上你们的真智慧了！

《学庸》(《大学》《中庸》合称)皆讲治世之道，并非谈文章，应是体悟就能行。中山先生以《学庸》为中国两本最有系统的政治哲学，即谈政之书。一切都是政治，有国政、有家政，《大学》讲"为政在人"，《中庸》讲"成己成物"。《学庸》乃是夏学之入手处。

"四书"中，《大学》《中庸》与《论语》挑得不错，《孟子》就差些，得力于"道性善，言必称尧舜"(《孟子·滕文公上》)。

孔子称"性相近也，习相远也"(《论语·阳货》)；孟子"道性善，言必称尧舜"；荀子以"人之性恶，其善者伪也"(《荀子·性恶》)；董子(仲舒)言性，可善可恶，《春秋繁露·实性》谓："性比于禾，善比于米；米出禾中，而禾未可全为米也；善出性中，而性未可全为善也。"《春秋繁露》代表汉时中国的传统思想。立说不一，发展乃有别。

《易经》与《春秋》是孔子最重要的两部书，这两部书必要有师承，否则讲不下去。《春秋》在拨乱反正，达天下一家；《易经》始于"进德修业"(《易经·乾卦·文言》"君子进德修业")，终于"智周道济，裁成辅相"〔《易经·系辞上传》"知周乎万物而道济天下"；《易经·泰卦》"财(裁)成天地之道，辅相天地之宜"〕。《春秋》与《大易》相表里；《大易》与《春秋》完全用"元"，故又称"元经"。

《中庸》第一个字是"天"，"天命之谓性"；最后一个字"至"，"上天之载(事)，无声无臭，至矣"；《易》"各正性命，保合太和，乃利贞"。《易》为《中庸》之所本，《中庸》为衍《易》之书，《中庸》与《大易》相表里。

一部《大学》，自人心讲到天下平；《春秋》讲拨乱反正，达太平世；《大学》与《春秋》互相表里。《大学》讲"习相远"，《中庸》讲"性相近"，《大学》与《中庸》互相表里。《中庸》与《大易》是体，《大学》与《春秋》是用。奉元之学，自《大学》与《中庸》入手。

经一章

　　《大学》《中庸》前面均为"经"，《中庸》第一章为经；后面为"传"，解释经的；"经"明白，后面"传"就明白。《学庸》两"经"并着讲，可以了解得深刻些。要点先明白，每句话要真明白。好好读，尽己责任，于后世亦有用。

　　大学之道，在明明德（为天地立心，尊生），在亲（又当"新"）民（为生民立命，卫生），在止于至善（为万世开太平，荣生）。

　　"在明明德，在亲民，在止于至善"，三个"在"字有深义，不只是肯定，而且是不离。"在"，有自在义，如《心经》的"观自在"。要面对实际，实际即"在"，自在，皆自明也，皆与生俱来的，非自外求得之。

人与经典·大学

8

"尧舜，性之也"（《孟子·尽心上》），"天命之谓性"，人人皆可以为尧舜，因为人人皆有尧舜之明、尧舜之性。本身就具有，何以没有用上？被乌云遮蔽了！乌云一散，就都露出。都有"自在"的东西，就是没有用上。有，但是糟蹋了，因为"眼耳鼻舌身意"（佛家之六根）、"色声香味触法"（佛家之六尘）、五蕴（色蕴、受蕴、想蕴、行蕴及识蕴），而浪费了我们自身的宝贝。

不必外求，每个人都有"自在菩萨"。"观自在菩萨，行深般若波罗蜜多时，照见五蕴皆空，度一切苦厄"（《心经》），如五蕴没有空，又如何明？皆自明也，就看你用在什么地方。明德，性德，生德，只要没有受外诱之私，懂了，就能用上。

佛经的汉译本不错，《心经》文章至美，意境至深！《心经》无法增减一字，《金刚经》无一重复的话与意思。《金刚经》开经偈："无上甚深微妙法，百千万劫难遭遇。我今见闻得受持，愿解如来真实义。"此四句为武则天所写，不得了，多聪明！

我讲的是"无上甚深微妙法"，非讲字面，要开你们的脑子。讲到生活，故"不可须臾离也"（《中庸》）。若书为书，我为我，乃乱。

不孝，不承认有个"元"，失本。"孝为德本"（《孝经·开宗明义》"夫孝，德之本也"），永不能变。我刚来台时，台湾人安分守己，完全是中国人，每家有家庙、家堂，每天给祖宗上香。

台湾要好，必自恢复孝道开始。极乐世界无不孝之人，"佛在家中坐，何必远烧香"？不自根上来，将来想好也办不到。台湾今天连吃也无真滋味了，什么都有，但什么都不像。

大学之道，学大之道。学大，法天，学天，即天学。学天的方法，首要"在明明德"。"天命之谓性，率性之谓道，修道之谓教"，"在天曰命，在人曰性，在身曰心"，命、性、心，三位一体，乃是与生俱来的，但易受外诱之私的蒙蔽，因为"人心惟危"，心猿意马，所以必加"明"的功夫。

"在明明德"，前"明"字为动词，宣扬，也是功夫所在；后"明"字为名词，"明德"指性（生），即"本然之善"。"在明明德"，性生万法，自根本断除迷信。

"生"的观念源自老子："道生一，一生二，二生三，三生万物。"（《老子·第四十二章》）孔子"改一为元"，元生万物，更为进步。

孔子不言生，也没说谁生，而以"乾元""坤元"为"资始""资生"。资始、资生，"资"，借也。元，有两性，曰"乾元""坤元"。不说生，而说含，坤卦"含弘光大，品物咸亨"。元，含乾、坤两性；乾、坤中皆含元，故曰"乾元""坤元"。"大哉乾元，万物资始""至哉坤元，万物资生"，"资"字最重要，无一东西是单独成事的，"乾元""坤元"相资而"始"、而"生"，为第一代。

第二代生之机即"明"，能终始万物，加"大"为赞词，故曰"大明终始"。"明"，能终始万物，终而复始，"大明终始，六位时成。时乘六龙以御天。"（《易经·乾卦》）

《易经》的构思，其思想之致密，真是不可思议！如学数学，必得还原才行，依经解经即是还原思想。此为几千年前中国人所写的，故称"夏学"，不分今古文，凡是中国人的智慧都吸收。夏，"中国之人也"（《说文解字》，下简称《说文》），有别于夷狄。每个都有界说。《易经》绝非成于一人之手。

万物何以能生生不息？因为有"明"。明，乃"继之者"，继元，"继之者，善也；成之者，性也"（《易经·系辞上传》），故曰"元者，善之长也"（《易经·乾卦·文言》）。元，始万物者；明，第二代，接着元的，终始万物。虽没说"性善"，但也说"善性"了。

"在明明德"，"明德"乃终始之德，"日往则月来，月往则日来，日月相推而明生焉"（《易经·系辞下传》），"悬象著明，莫大乎日月"（《易经·系辞上传》），日落月起，月落日起，终而复始，故能生生不息。"大明终始"，终始万物的是"明"，而始万物的是"知"，"乾知大始"（《易经·系辞上传》）。

"在明明德"，即明"尊生之德"于天下。"在"字，是肯定的。尊生之德，即生生不息，是大本。所以，宣扬"明"之德是每个人的责任。

"在明明德"，要明"明之德"于天下。何以第一步必明"生生之德"于天下？天有好生之德。"生，仁也"，桃仁、杏仁、瞳仁，代表生机、生命。明仁德于天下，既学天，天最大的德即好生，亦即仁，仁心、仁术、仁德、仁人。仁者爱人，仁者无不爱也，所以要"尊生"。"明"之本能即机，能终始。终始为天之道，亦即自然之道。

"大明终始，六位时成"，"乾道变化，各正性命，保合太和，乃利贞"（《易经·乾卦》）。到七了，七日来复，一阳生，地雷复（☷☳）。一者，用之端、用之首，终而复始，"复其见天地之心乎"（《易经·复卦》）。始，是天地之心，资始；生，是天地之德，资生。一元复始，始其天地之心，生其天地之德，故曰"天地之大德曰生"。始其天地之心，即张载（1020—1077，北宋理学家，也称横渠先生）所谓"为天地立心"（《横渠语录》）。

"复"，为道之机、生之机。以天心为己心，是机。以生机为己心，以率性为己志，此为实行的入手处。读书人必得有天心，以天心为己心，为天地立心，"复其见天地之心"，以性智为己志，"率性之谓道"。性为智海，性生万法，圣人自师己性。

"在明明德"，首先要报恩，报生生之恩。孝是责任，要报恩，奉元孝至德，何以要"明明德"在此。祖师庙每年祭祀，即在报德，崇德报恩。如大家都真懂"明明德"了，怎能到今天的地步？

一个人不孝、不慈，活着又有什么意义？人的价值就在"孝"与"慈"，孝生我者，慈我生者。"明明德"，就是要报答孝与慈，让老的、小的看你是个宝。今天的人没有明白自己的责任，因此社会问题层出不穷，家庭、青少年问题多，错误在哪里？应追本溯源，自根上解决。好好玩味，真懂、深入，皆功夫。

家贫出孝子，板荡识忠臣。今天的物资丰富，但是人性没了！最要是有德，有学问不足以为贵，有德才能够发挥。我的经验丰富，将来你们自己不饿死，已经不错了。认为自己聪明的，绝对是呆子。

国称"中国"，那要如何用中？乃有《中庸》一书。《学庸》是学大、用中，也就是学天、用中。立德，"信则人任焉"（《论语·阳货》）。《学庸》为立本之道，"本立而道生"（《论语·学而》），可以取之不尽，用之不竭。

其次"在亲民"。朱熹以为即"新民"，王阳明则作"亲民"。亲民与新民，层次不同。亲民为入手处，无亲民，"未信，则以为厉己也"（《论语·子张》），没和他处得亲，想要改变他，他以为是在压迫他。由亲民然后新民，先亲民才能新民，即自觉觉人、先觉觉后觉。使百姓明白生之道，生就是性，就能尽己之性，发挥自己的性能了。

学生，"生"的意义包含很多，小孩开始受教即是学生，要学自己的生，生己，亦即卫己之生，是内圣之道；其次，要学生民之道，即卫众人之生，是外王之道。卫生，不可以侵害别人。"生生之谓易"（《易经·系辞上传》），生民。政治如为生民之政，即仁政，生民之道亦即"为生民立命"。

为生民立命，即"作新民"，叫百姓必得进步，此必经过"苟日新，日日新，又日新"几个阶段，是有生命力的，并不是禅宗的，是不断地赋予新生命，使他认识自己生命的可贵。

"教化流行，德泽大洽，天下之人，人有士君子之行，而少过矣"（《春秋繁露·俞序》），人人皆可以为尧舜的境界，最后，达"见群龙无首，吉"（《易经·乾卦》）的境界。

最终则"在止于至善"。"元者，善之长也"，元，是善的老大，至善，孔子"改一为元"。"至善"，是最善，所以是"善之长"。有老大，必有老二，"继之者，善也"。"在止于至善"，所以"知止"重要，修止观（止，止息一切妄念；观，观察一切真理。止属于定，观属于慧），无此一功夫，则什么也成不了。知止，而后有"定、静、安、虑、得"，"无入而不自得"（《中庸》）。

"定、静、安、虑、得"，与禅的境界一样，打坐必心里头定了才能生效。心定，行亦禅，坐亦禅，不是坐多久，而是定的功夫有多久。决定了，是对事决定。心必能定了，才能学。如每天心游荡，想学东西达一境界不可能。心不放，慢慢就能深入。

没懂得求什么，怎知要得什么？求而未得，即失败。智慧如不进步，又怎么做事？人和禽兽相差，就在那个"几希"！明白了，才知道要怎么做。

破坏容易，建设太难了！我是在审讯你们，并不是讲书。这是我的绝活，是书中找不到的。奉元书院的学生必要有两个条件：有德、有脑。

孔子问礼于老子，老子说："道生一，一生二，二生三，三生万物"；孔子求一，老子说："天得一以清，地得一以宁，神得一以灵，谷得一以盈，万物得一以生，侯王得一以为天下贞。"（《老子·第三十九章》）孔子得一了，对弟子说"吾道一以贯之"（《论语·里仁》），但《论语》中没有告诉弟子要如何得一。孔子得一以后，可能后悔了，最后以"元"取代"一"，以元生万物，思想更为圆融。

孟子虽承受孔子之学，自称"乃所愿，则学孔子"（《孟子·公孙丑上》），但是他的最高境界也只是到"王道"而已。

孔子的"元"，实为董子所继承，董子说"惟圣人能属（zhǔ）万物于一，而系之元也"（《春秋繁露·重政》），属一系元。奉元书院讲"属一系元"，属于一系于元，培元，止于元，奉元。读孔氏之书，要求一，得一，最后奉元。

"元"为善之长，那"一"是小弟。止于一，是《论语》的境界，"吾道一以贯之"；止于元，则为《春秋》的境界，《春秋》变一为元，孔子"志在《春秋》，行在《孝经》"（《孝经钩命诀》《春秋公羊传》何休序"昔者孔子有云：吾志在《春秋》，行在《孝经》"）。

一部《春秋》讲些什么？拨乱反正。求一，止于一，正也。《易》"蒙以养正，圣功也"（《易经·蒙卦》），养正，"在止于至善"，止于元。培元，元培了，然后奉元行事。

你们如真用功，也必得三年，绝非一日之功。真用功可不易，得累死！笔记要时常玩味，串在一起。真明白了，则一生受用不尽。依经解经，经必得通。

《孙子》（即《孙子兵法》，下同）至少得一段一段研究。《孙子》会背了，一生可以取之不尽，用之不竭。会背才能熟，熟了才能玩味，熟能生巧。

光知不能用，乃废学，不能以时出之，俟时而出。因不知时，不知什么时候用上。应于自己本能上建树自己。如先搞人际关系，一旦野心家失势了，能靠得住？

元为道根，故为"善之长"。我"释一元"，即得自清人汪中（1745—1794）的启示（《述学·内篇一·释三九》）。

中国的道统：尧传舜，"天之历数在尔躬，允执其中"（《论语·尧曰》），"允"字功夫重要，否则抓不住"中"。中国人以中道治事，找平衡点。知缺多少，则加上多少力量，即成平衡点，矫枉必得过正。

立本，本立而道生，"允"，信，诚也，第一步功夫，则有米可做寿司。"中"，中道，油、酒、米、面。功夫天天练，越练越纯熟，就发挥作用了！

舜时，环境复杂，"舜好问而好察迩言"（《中庸》），要遏恶扬善，"执其两端，用其中于民"，把"执中之道"传给了禹。

禹时，环境更为复杂，用十六字："人心惟危，道心惟微；惟精惟一，允执厥中。"（《古文尚书·大禹谟》）"精一"与"允中"。所以，中国学问即"一"与"中"。

《大学》与《中庸》这两部书要好好重视。《中庸》讲中之为用，即如何用中；《大学》讲一，人"得一"了才叫"大"，"大人者，与天地合其德"，最后"与天地参矣"，"天地人，三才之道"，天人合一的境界。

求一，得一，止于一，正也。正，是与生俱来的，并不是外来的，必下养的功夫，孟子所谓"我善养吾浩然之气""直养而无害""是集义所生者"（《孟子·公孙丑上》），直养、率性。试问自己又存多少浩然之气？你们最缺"终日乾乾，夕惕若，厉无咎"（《易经·乾卦》）的功夫了。

自出生，就要尊生，要明白生的可贵。生了，就必得养，还要养正，"蒙以养正"。养正，知止而后有得。止于一，即正，得正即得元。没有学正，又怎么返正？

《春秋》在"拨乱反正"，养正的入手处，要改变器质，自成"器"（《易经·系辞上传》"形乃谓之器"）、成"大器"（《管子·小匡》"管仲者天下之贤人也，大器也"，《老子·第四十一章》"大器晚成"），最后则"君子不器"（《论语·为政》）。

正，止于一。正，是与生俱来的，"蒙以养正"，蒙昧时即要养正，开始就不要有毛病。"不迁怒"（《论语·雍也》），检讨自己更能生智慧，检讨别人则是掩饰自己，此即养正的功夫。有"正"之德了，"子帅以正，孰敢不正？"（《论语·颜渊》）

"养正"了，不要丢失，要"居正"；跑掉了，就要"求其放心"（《孟子·告子上》），要天天下功夫。"求其放心"至此，就可以"拨乱反正"。

到拨乱反正了，即达华夏、大同，完成孔子的《春秋》之志，此即中国人的责任与志，"善教者，使人继其志"（《礼记·学记》）。

"止于至善"，多少注解讲的都用不上，因为不知道要如何做。"至善"，乃是善之至，没有能比得上的，是老大。我此解，因为找到"元者，善之长也"，是有根据的，故"至善为元"，意义深刻！"止于至善"，即"止于元"，因为孔子"变一为元"。一为元，故又为"止于一"，即正也。

经书中的"大哉、至哉""至圣、至善"，均有至高无上义，自"元者，善之长也"可以相印证。

屯，篆文屯，字形如豆芽菜，象草木之初生，难也，《易经·序卦传》曰："屯者，物之始生也。物生必蒙。"生了，什么也不明白，就懂得哭、吃，即"蒙"（《易经》第四卦）。

因为蒙，所以要上学，向第一个启蒙师磕头。"蒙以养正，圣功也"，因生完必蒙，从蒙开始就要养正，要自本身具有的"正"培养之，不使之跑掉；有此功夫，结果成就"圣功"了，这可不是普通的成功，乃是高得不得了的圣功。这个正，并不是教来的，而是养的，因为它不是从外面来的，而是本身与生俱有的。

正是什么？性命也。"各正性命"，把性命变成正，就含有作用，养正即养性命。要如何养？"保合太和，乃利贞"，保合以养性，太和以养命。不能只养一天，故必"居正"，亦即守正，才利于正固。居正，安正，"造次必于是，颠沛必于是"，不论在什么环境皆必于是，守死善道，至死而后已。

故"止于至善"，是"止于性命""止于正"。做事，顺着人性做就是道，"率性之谓道"，此解马上能用上。此正的作用大，故为政必先正名，"必也正名乎！"（《论语·子路》）"子帅以正，孰敢不正？"

养正的目的，是在达圣功，所以《易经》的第一个圣训，即是"蒙以养正，圣功也"。圣功，即是一统、元统、仁统、性统。问："天下恶乎定？"曰："定于一。"问："孰能一之？"曰："不嗜杀人者能一之。"问："孰能与之？"曰："天下莫不与也。"（《孟子·梁惠王上》）人人与生俱有，都能率性。

既是养正了，那平日就得居正，此事太重要了，故曰"大居正"（《春秋公羊传·隐公三年》《传》曰："故君子大居正。"何休注"明修法守正，最计之要者"），"大"即赞词，《春秋》一书即"养正圣功"的注解。《大易》讲"养正"，《春秋》讲"大居正"，故《大易》与《春秋》相表里，一为体一为用，体用合一。

止于一了，所以"变一为元"为至高境。自养正，成圣功，到居正、一统。一统，即用"一"统天下，而非统一，故曰："王者孰谓？谓文王也。"（《春秋公羊传·隐公元年》）《春秋》讲"大一统"（《春秋公羊传·隐公元年》《传》曰"何言乎王正月？大一统也"）。

怎么造谣，不能没有元。熊十力找到元了，写《乾坤衍》（熊十力衍乾、坤两《象传》之书），跑第一棒；我们抓住元，奉元，跑第二棒。

不要尽作"文抄公"，要善用头脑。慢慢读，讲学要实用，有所得了，故心中悦，"学而时习之，不亦说乎"；"有朋自远方来"，必有所谈；别人不懂，自己心中还不愠，"人不知而不愠，不亦君子乎！"（《论语·学而》）

孔子"五十以学《易》"（《论语·述而》），"五十而知天命"（《论语·为政》）。"天命之谓性"，命、性、心，一也，"尽其心者，知其性也。知其性，则知天矣"（《孟子·尽心上》），"不知命，无以为君子"（《论语·尧曰》）。知天命了，才能尽性、尽天命，志在《春秋》。止于一，即大一统。宇宙间大一统，即华夏、大同。《大易》与《春秋》都是"元"的成就，因此要奉元。

知道中国人的思想了，才知道中国人的责任所在，明道任仁。中国人的责任是"舟车所至，人力所通，天之所覆，地之所载，日月所照，霜露所队（坠），凡有血气者，莫不尊（之）亲（之）"（《中庸》），因为我们卫其生，此即华夏、大同了。

知此，懂得责任了，将来可以为弱小民族谋幸福，可以用自己所长，教其耕田、种地、养蚕，有谋生之能。拿他们当兄弟看，共存共荣，不用枪炮打人，此即大志、大事业，"举而措之天下之民谓之事业"（《易经·系辞上传》）。"有始有卒者，其惟圣人乎"（《论语·子张》），能"有始有卒"干到底就是圣人，精神一到，何事不成？

《学庸》在学大、用中，完全不是空话。有此一观念了，再看朱注，朱子将"大学"说成与"小学"相对，将真义讲丢了，讲成学校的阶段。朱子是儒禅，有其时代环境。

我们要依经解经，发掘祖宗的智慧泉源，古人的智慧周正。要懂得读书的技巧，才能得出结论。我所讲的，一切注解都没有。你们要养正，是自己要会想，不是我教你们正，每天以此解决问题。我书摸太久了，每一个问题都有解答。

孔子何以志在《春秋》？社会不应用武力，应用"一统"，即"通志除患，胜残去杀"（此师尊句：《易经·系辞上传》"圣人以通天下之志"，《春秋繁露·盟会要》"圣人者贵除天下之患"），通天下之志，除天下之患。《论语·子路》"善人为邦百年，亦可以胜残去杀矣"，善人自师己性，用性智，故善人相继治国，可以达到没有残暴、没有杀戮的境界。

一即元，元为体，一为用，是终始、生生不息的。资始，经"知""易"（《易经·系辞上传》"乾知大始""乾以易知"）；生生，生了又生叫"明"，所以"大明终始"。始叫易，生叫简，"易则易知，简则易从"（《易经·系辞上传》"乾以易知，坤以简能；易则易知，简则易从"）。

从始到生，几十年即断绝了，必使之终而又始、生生不息，其机即"明"，故曰"大明终始"。

《乾坤衍》衍得相当好，就熊先生说明白了。看《易经》是什么，何以老祖宗能有如此致密的头脑？后人有讲明白的？我整天猛想，"思之思之，鬼神通之"（《管子·内业》云"思之思之，又重思。思之而不通，鬼神将通之"），不二法门即"精一不二"，不想入非非。每天想得不精不一，乃没有智慧。

没有比做人再难的！做学问也是做人的一部分。我就佩服王弼有才华。

王弼（226—249），字辅嗣，三国时曹魏山阳郡人，魏晋正始玄学的主要代表人物之一。王弼十多岁时，即"好老氏，通辩能言"，曾与当时许多清谈名士辩论各种问题，以"当其所得，莫能夺也"，深得名士赏识。王弼为人高傲，"颇以所长笑人，故时为士君子所疾"。其哲学思想核心"以无为本"，带有思辨玄学色彩。他认为"万物万形，其归一也。何由致一？由于无也"。其"得意忘象"的思考方法，对中国古代诗歌、绘画、书法等艺术理论也有一定影响。王弼注《易》，虽沿费氏"以传解经"的方法，但尽扫象数之学，从思辨的哲学高度注释《易经》。汉人解《易》重象数，王弼注《易》扫象，以抽象思维和义理分析摈弃象数之学与谶纬迷信，是《易》学研究史上的一次飞跃。正始十年秋天，以疠疾亡，年仅二十四岁，遗下一妻一女。

必要有功夫，精一，心无旁骛。必得自己设计，要用许多方法约束自己，才能心无旁骛。头脑清楚，何不做自己喜欢的事？我一辈子没有说过我喜欢吃什么，得有多大的修养！

中国人这么多，还在乎你生一个？我半夜喜喝茶就喝，不必听训。人生太不容易了，就没真想通；都没想通，因此生完儿女都后悔了。如想通了，岂不万事皆休？麻烦都是自己造的，天下本无事，庸人自扰之。

学术是无止境的，今天不应再做考据、训诂了，因为时代已经不同了。今后研究思想，就看你们的智慧。

每一团体皆有其宗旨，我称"夏学"，不谈今古文，在还原貌，要保存原料。接受中国人的东西，融化在个人的智慧中。中国东西自"元"来，现在要"原元"，将过去的都当作堆肥，用以培元（种子），再开今天所用的花果，即"盘皇另辟天"，亦《春秋》所谓"天地之始也"（《春秋公羊传·隐公元年》何休注"变一为元，元者气也，无形以起，有形以分，造起天地，天地之始也"）。此乃吾人之立场，但不一定每个皆能达到。

你们要接着讲，而不是照着讲。我天天所讲的乃是开门之钥。脑子如没有几个大转弯，完全没有用。我要你们会用脑，不是会背书。今后要重新讲中国学问，是要你们有思想。读书是要明理，明理要改变自己的器质。

想有力量得有团体，组织就是力量。以团体对团体，将来永远有力量，不要跑单帮。但如今的很多人其本能就是争，遇一件好事如狗争骨头。你们要快快塑造自己有用，否则即是废物一个！

要懂得怎么做，这是智慧的问题；要知己知彼，才能百战不殆；还要看你的世故够不够，凡是过去的经验都叫世故。如在"需要有用时"不能有点贡献，那书岂不是白读了？要造时。开始必求真知，自己读，才能够深入。

人都有野望，我苦了一辈子，岂能叫时光空过？那岂不是对不起自己了？人生之不易，特别苦！用什么以补己之苦，否则岂不是白活了？你们的成功就是我的成功，岂有嫉妒之理？你们要好好用功，白苦中得一无穷的富贵，如孔老夫子，富贵在天，富贵即智慧。如不知人生为何而活，那活着岂不就是等死？谁有脑子，谁就成就！

今人没有责任感，为人父母必要尽责，要有一个像样的家庭，如果父母本身不标准，那小孩也绝对不标准。身教重于言教，你的一言一行就是孩子的"准"；有了准是、准则，小孩才可定犹豫、明是非。

做事要细心，绝对不可以掉以轻心。写书时，引书一定要对本文，也许有笔下误。

大学，学大也，"唯天为大，唯尧则之"，尧则天，有生来的圣智；后生者，得学大、学天。学大，有根据，孔子赞美尧则天。大学亦即天学，那何以要称大学？"大"与"天"有何不同？我留问题，要你们自己想。

我一生绝不盲从，但什么书都看，要追根究底。要懂得用自己的智慧，要用古人的智慧启发自己的智慧。要成为思想家，不要做书呆子。你们将来讲学，可先讲朱注，表明博学；再讲我们的，给他们做个参考。文章作得美的，未必中肯。

大学，即大人之学。大与天，有层次。学大人之学的方法，得经几个步骤，怎样学？用什么方法才能成"大人者，与天地合其德"？

善人，不践迹（《论语·先进》"子张问善人之道，子曰：不践迹，亦不入于室"），性善，本着人性之善处理事情。君子，成德者，自"见贤思齐"来的。贤人，己立立人，己达达人（《论语·雍也》）；圣人，贵除天下之患。"致中和，天地位焉，万物育焉""与天地参矣"（《中庸》），学到最后成为"大人"，则"与天地合其德"。必要懂得来龙去脉，学完《大学》了，则成为"大人"，是"与天地合其德"的境界。

学"大"之后，有了成就，必须懂得并宣传天地之德。"云行雨施，品物流形"（《易经·乾卦》），乃是天之德。天地之德外，来个"明"，"大明终始"，因为"明德"了，才能终而复始，生生不息。"在明明德"，必向人类宣传明之德，人类才懂得感恩，而不会随便浪费。

"明明德"，即宣传明的德——"大明终始"，明的本能即是终始之德，如香蕉收成后即砍掉，明年又生出新的香蕉。终始，终而又始，即生生不息。人每天都活在"明"的德里，所以第一件事得感谢明的德，使万物生生不息之德。

"君子终日乾乾"，"天行健，君子以自强不息"（《易经·乾卦》）。三画卦，"始、壮、究"；到第四爻，"乾道乃革"（《易经·乾卦·文言》"九四"称"或跃在渊，乾道乃革"），变了，三画卦成六画卦，终（究）而又始，又一个"始、壮、究"，到六，又终了；到七，一阳生，"复其见天地之心"，又终而复始，再"始、壮、究"，生生不息了。人的智慧是与生俱来的，智海无穷，但是要培养。

《易·坤》："初六。履霜，坚冰至。"《象》曰："履霜坚冰，阴始凝也；驯致其道，至坚冰也。"阴凝、险凝，要解套，必要释凝，解开这个凝的局面，要沟通。

社会之所以弄成今天这样，就是因为什么也不知，不知自教育扎根。以前人教小孩，说："人先造死，后造生，要节省着用，则生命可以延长。上天派人做笔记。"使小孩从小就学会爱物、惜物，此即家教。家庭教育太重要了！今天的母亲有几个懂得教子之道？教育，是要利用人的欲与贪，使小孩逐渐走上轨道。看司马光（1019—1086）《训俭示康》一文：

吾本寒家，世以清白相承。吾性不喜华靡，自为乳儿，长者加以金银华美之服，辄羞赧弃去之。二十忝科名，闻喜宴独不戴花。同年曰："君赐不可违也。"乃簪一花。平生衣取蔽寒，食取充腹，亦不敢服垢弊以矫俗干名，但顺吾性而已。众人皆以奢靡为荣，吾心独以俭素为美。人皆嗤吾固陋，吾不以为病。应之曰："孔子称'与其不逊也，宁固'；又曰'以约失之者，鲜矣'；又曰'士志于道，而耻恶衣恶食者，未足与议也'。古人以俭为美德，今人乃以俭相诟病。嘻，异哉！"

近岁风俗尤为侈靡，走卒类士服，农夫蹑丝履。吾记天圣中，先公为群牧判官，客至未尝不置酒，或三行、五行，多不过七行。酒酤于市，果止于梨、栗、枣、柿之类，肴止于脯醢、菜羹，器用瓷、漆。当时士大夫家皆然，人不相非也。会数而礼勤，物薄而情厚。近日士大夫家，酒非内法，果、肴非远方珍异，食非多品，器皿非满案，不敢会宾友，常数月营聚，然后敢发书。苟或不然，人争非之，以为鄙吝，故不随俗靡者，盖鲜矣。嗟乎！风俗颓敝如是，居位者虽不能禁，忍助之乎？

又闻昔李文靖公为相，治居第于封丘门内，厅事前仅容旋马，或言其太隘。公笑曰："居第当传子孙，此为宰相厅事诚隘，为太祝奉礼厅事已宽矣。"参政鲁公为谏官，真宗遣使急召之，得于酒家。既入，问其所来，以实对。上曰："卿为清望官，奈何饮于酒肆？"对曰："臣家贫，客至无器皿、肴、果，故就酒家觞之。"上以无隐，益重之。张文节为相，自奉养如为河阳掌书记时，所亲或规之曰："公今受俸不少，而自奉若此。公虽自信清约，外人颇有公孙布被之讥。公宜少从众。"公叹曰："吾今日之俸，虽举家锦衣玉食，何患不能？顾人之常情，由俭入奢易，由奢入俭难。吾今日之俸岂能常有？身岂能常存？一旦异于今日，家人习奢已久，不能顿俭，必致失所。岂若吾居位、去位、身存、身亡，常如一日乎？"呜呼！大贤之深谋远虑，岂庸人所及哉？

御孙曰："俭，德之共也；侈，恶之大也。"共，同也；言有德者皆由俭来也。夫俭则寡欲：君子寡欲，则不役于物，可以直道而行；小人寡欲，则能谨身节用，远罪丰家。故曰："俭，德之共也。"侈则多欲：君子多欲，则贪慕富贵，枉道速祸；小人多欲，则多求妄用，败家丧身。是以居官必贿，居乡必盗。故曰："侈，恶之大也。"

昔正考父饘粥以糊口，孟僖子知其后必有达人。季文子相三君，妾不衣帛，马不食粟，君子以为忠。管仲镂簋朱纮、山节藻棁，孔子鄙其小器。公叔文子享卫灵公，史鰌知其及祸；及戌，果以富得罪出亡。何曾日食万钱，至孙以骄溢倾家。石崇以奢靡夸人，卒以此死东市。近世寇莱公豪侈冠一时，然以功业大，人莫之非，子孙习其家风，今多穷困。

其余以俭立名，以侈自败者多矣，不可遍数，聊举数人以训汝。汝非徒身当服行，当以训汝子孙，使知前辈之风俗云。

要知道如何教育小孩。中国人把智慧建立在一切生命上。小时不糊涂，老了焉能糊涂？女的有无上权威，能俘虏男的，老女人也是从小女人来的。没有圣人，百姓如何懂得人的伟大？知其所以然最为重要。

何谓至善？什么是最好的地方？因为不能追根究底，所以社会净盲从。明知一个人坏却帮他，就是助人为恶，可以鸣鼓而攻之。"鸣鼓攻过"（《论语·先进》云"鸣鼓而攻之"）是一个礼法，叫他丢脸。必明白真义：如一个人说的不是人话，你还鼓掌，那就是助人为恶。

秦琼（秦叔宝，唐开国将领，和尉迟敬德日后成为门神）落难之际，穷得要卖马，牙子（买卖中间人）说："这马骨瘦如柴，能卖给谁？"有几个不助人为恶？多少人在无意之中，就助人为恶了！

颜回问仁，孔子说"克己复礼"，其细目是"非礼勿视，非礼勿听，非礼勿言，非礼勿动"（《论语·颜渊》）。如果没有真明白，如何明是非、别善恶，又怎么知道自己出了毛病？很多人每天都活在"似是而非"（《孟子·尽心下》云"恶似而非者：恶莠，恐其乱苗也"）中，终造成绝顶的错误。

一根臭骨头，群狗抢。政客助人为恶，善良百姓得饱受蹂躏。掌权者狼狈为奸，老百姓被压迫。任何问题都要追问。汉初何以有"十老安刘"？

十老，指吕后称制时，反对吕雉的刘贾、刘交、蒯彻、陈平、栾布、王陵、周勃、张苍、李左车、田子春十人，设法要铲除诸吕势力。

遇事，必要用脑子想，要深思熟虑，虑深才能通敏。做事，就看自己做得是否完美，不必考虑给儿子，圣人不私其子（《论语·季氏》称"君子之远其子也"），孔子的儿子伯鱼也没能成学。

孟子"言必称尧舜"，历代歌颂"尧天舜日"，那何以尧、舜两人的儿子都不成器？可见即使是亲儿子，也未必能完成你的事业，那何不传贤，还可以使事业有所续。

尧、舜之子丹朱、商均都不成材，所以尧、舜在考虑继承人时，是以贤能作为标准。尧选定舜为继承人后，先是把两个女儿嫁给舜，试探他的德行；让他担任各种职务，锻炼他的才能；甚至将他放到野外森林中，考察他的综合素质，最终证明舜堪当重任了，便把位子让给了他。舜则传给了治水有功、百姓拥护的大禹。可见尧、舜、禹之相承，并不是血缘关系的世袭制，孔子以尧、舜为"公天下"的代表，即《礼记·礼运》所谓"大道之行也，天下为公"的理想。

遇事要虑深，才能通敏，敏就有功。今天摆在眼前的问题很多，必深思了，再决定要如何走法。知识分子是天地良心，不但管后果，连前因也必要好好追。前因追得明白了，后果当然就不会坏。用心深细，虑深通敏，要好好用脑。

你们正年富力强，遇事一定要好好深思，然后好好地安排，有层次地考虑。姑妄听之，可不能姑妄行之。人家突然对你好也要深思，才知其动机。

你们遇事根本没有反应，多么可怕！读《孙子》，要明变局，临事机敏，得有如常山之蛇的反应，首尾相护。

不要因自然环境而造成你们的孤陋寡闻。我是"人之将死，其言也善"（《论语·泰伯》），善世之言。将来的苦，你们是怎么也想不到的。

做事失败了，要研究自己，无病不死人。"在止于至善"，要在自己所长上用功，人皆有所长，要从己之所好，正视己之所长。"止于至善"绝不是空话，必要追根。养成有智慧，随时用上，买东西、做事时自然反应。

"止于至善"，自然之构思。练习长了，自然反应。要用心："为什么今天这么说话？"否则怎么当外交官？外交官在外受命不受辞，只要于国家、民族有利，"专之可也"（《春秋公羊传·庄公十九年》《传》曰"大夫受命不受辞，出竟有可以安社稷、利国家者，则专之可也"。何注"专矫君命而与之盟，除国家之难，全百姓之命，故善而详录之。先书地，后书盟者，明出竟乃得专之也"），必要有行权应变的能力。

至善，至哉！至，篆文 ，《说文》云："鸟飞，从高下至地也。"头与地中间只有际，没有距离。两个东西之间必有际，"刚柔际"（《易经·坎卦》)、"天地际"（《易经·泰卦》）。有际无间，间隙、间隔。

"际"，《说文》称："壁会也。"段玉裁注："两墙相合之缝也。引申之，凡合皆曰际。际取壁之合，犹间取门之合也。"国际、人际、交际。"间"，《说文》称："隙也。"中间，间距，间谍，《孙子》有《用间篇》。

"元者，善之长也"，是长子、老大。"大哉乾元，至哉坤元"，"至"，跟定你了，你有多大，我就多大。"君子之道，造乎端夫妇"，夫妇多重要，是以义合，无论谁对谁错，有智慧者不会轻易离婚。

"一者，元之用"，孔子"变一为元"。止于元，即止于一，即正也。"止于至善"，"元者，善之长也"，即止于元、止于一、止于正。

奉元，得止于元。我"原元"，你们以此立教，我们称"奉元宗"。前一村，有界与际；又一村，要以"元"化界与际，天下一家，一统。《春秋》讲"大一统"，必守住正，故曰"大居正"，但是守住正可不易。养正就能用，第一步得守正。能居正，慢慢就一统，要除"界"与"际"。

"界"，田介，本义边陲、边境。《说文》云："界，境也。"

《孟子·公孙丑下》称:"域民不以封疆之界。"国界、边界、界约、租界、划界,皆是。

"天地之大德曰生",父母在一起的作用,即生,屯(《易》第三卦)。生完了,蒙(《易经》第四卦),要启蒙,"蒙以养正,圣功也"。

儒家重视"正","政者,正也。子帅以正,孰敢不正?"一部《易经》即养正、圣功。养正的目的,在成其圣功,以正治天下。

孔子"志在《春秋》",《春秋》在拨乱反正。正,止于一。王道,人人归往之道。拨乱反正成功了,王道之成就是成就"圣功",亦即"一"。"远近大小若一",一统。因为"一统"太了不起,故曰"大一统",即天下平,所以要"为万世开太平"。

"为往圣继绝学",我拼命讲学在此,此即活学问,必要活活泼泼、聪聪明明,不要被卖掉了都不知道。

我解张载四句(《宋元学案·横渠学案上》横渠四句:张载认为读书人要"为天地立心,为生民立命,为往圣继绝学,为万世开太平"),张载听了必定也拍案叫绝。此解非"狗不理",绝对是"都一处"(独一处),真知味!我好吃,并不是会吃。

"与天地参矣",即与天地合其德。"参",平视,往前看之视点。自开始就是平的。人与天地平,因为都是"元"的子孙,人皆"天民"(《孟子·万章上》),"大哉乾元,万物资始，乃统天"，因天、人是同根，故曰"相参"。不曰"平"，因为无平，是以前不平。"参"，则是与生俱来同等的。既是同根，元同，同生同荣，自觉觉人、自度度人，所以要"荣生"。

能尊生、卫生、荣生了，即"止于至善"，达天下平，"为万世开太平"，求得人世的幸福，那岂不是"三生有幸"？

"儒，人之需也"，人需，你需、我需、他需，"君子以饮食宴乐"（《易经·需卦》），以"需之道"饮食宴乐。儒家是要使人求得现世的幸福，不是死后才上天堂、上极乐世界。"未知生，焉知死？"（《论语·先进》）人死如灯灭，焉知有来世、天堂、极乐世界？

"在明明德，在亲民，在止于至善"，《大学》的三纲领太重要！何以要"明明德"？是报本的思想。"明明德"，就是要每个人都懂得报本，感谢自然界的生生之德。

何以我们能够有吃、有喝，能饮食宴乐？因为"万物皆备于我"（《孟子·尽心上》），人人都有享用权，但是没有所有权，所以不允许有人有独占的行为，侵占了别人的享用权。

《尚书·皋陶谟》谓"天工，人其代之"，人的伟大在于能代天工，因为天工仍有所不足，人可更扩而充之，以弥补天工之不足，使之更为完善。如高山过不去，古时修栈道，现在用飞机、筑桥梁、通隧道以补其不足。将天工显得更为有用，即"天工人代"，此为人的责任。

明德报本，奉元行事。万物皆是人工的调整，以补天工之不足，则可以使人欲更为满足，生活更为舒适便利。人有"役万物"的智慧，可以代天工之不足，使人的"生"更为充足。

民族文化特别重要，若不能抓住文化精髓，就无法发挥力量。民族精神之实践，乃是复兴中国文化之要。"文没在兹"，此为中国人精神不可消灭处，人人皆可为文王，"活文王"知多少？不能行则无用，贵在表现于实际行为上，"显德行"，就看行为有德与否？

中国人何以五千年没有亡国？因为祖宗留下无数的智慧财，取之不尽，用之不竭，就看你自己会不会用了。

有人骂你，就是有人怕你。许多人枉费心机！要自知、知耻，过智慧生活，没有超凡的智慧才有社会苦恼。读完，可是什么都用不上，等于没读、没用！

我讲一个钟头，得想几年。知识是活的，是宇宙的生命力。能奉元行事，就成为真正的历史人物。我讲的是活学问，你们不要傻呆呆的，什么都与你们无关。

为文在达意，"辞，达而已矣"（《论语·卫灵公》），贵乎简练、动人，使人明白。《浮生六记》《红楼梦》都是白话。孔子好用对偶文句，如《易经·坤卦·文言》"积善之家，必有余庆；积不善之家，必有余殃"，押韵。

你们最缺乏严格的训练，我小时常被罚跪背书，不会背不能起来。天下绝对没有不劳而获的事。借着书本，学会用脑，才会有见地。勤能补拙，一勤天下无难事。我得天独厚，因为会背书，五十年没有职业，就在屋中独坐，没有人管我。结婚永远不会清静的，必得相忍。你们聪明但是用错，路子走岔了！夫妻之间不争是非，要用智慧，多用智慧考虑问题。你们养成懂得用智慧了，才能应对一切事。

你们太师母训我，太老师不满要离开；太师母喊："不许走！"太老师叫："泡茶！"听训。我举例，有深意：遇强权，得忍，她是你的娘。必要特别静，特别稳。君子斗智不斗气，遇事必要善用脑。

知止而后有定（不见异），定而后能静（心无外欲），静而后能安（安汝止），安而后能虑（虑深通敏），虑而后能得（自得）。

从哪儿入手？"知止"，知所当止，得其所止之宜。"知止"，定得住，人没有差多少。"知止"，而后有"定、静、安、虑、得"，皆自得也。得一，"天下之动，贞夫一者也"（《易经·系辞下传》），则"无入而不自得"。

人的智慧真是不得了！中国人谓之"元"。元，含乾元、坤元。"含"之智高于"生"，"含弘光大，品物咸亨"。

天，是元的用，"大哉乾元，万物资始，乃统天"。人统天，能创造一切，天工人代，可以弥补天工的不足，其智慧高得不得了，要好好培养。

有宗教信仰者，其贪欲皆超过一般人，因贪致迷。我讲经，净说真的，和尚劝阻，他们专讲故事。

"道不远人，人之为道而远人，不可以为道""率性之谓道""天命之谓性"，天命就是性，性禀于天，是与生俱有的，没有神秘，人人皆具有此一本能。

今天的怪现象，愈晚出的宗教，愈强调自己是真的。宗教书真能启发人智，但可不要迷，愈迷愈成为伪人。试问自己：又做过几回好梦了？

"知止"，有了目标，知止于正，就得"闲邪"（《易经·乾卦·文言》称"庸言之信，庸行之谨，闲邪存其诚"），邪，不正。注意！要走正路，不可以走偏了，邪。这就是人生。

"知止"，止于一，止于正；止于元，止于至善。养正，奉元，而后有"定、静、安、虑、得"五步功夫。最难的是"知"，要真知。"知止"是真知，"行远，必自迩""登高，必自卑"（《中庸》），因为没有一步就能够登天的。

"定"，不见异也，就不思迁，此为一部真功夫。整天跑，没有定静的功夫怎么读书？"还至本处"，"敷座而坐"（《金刚经》）。定心，心能定了，才能学。如每天心游荡，想学东西达一境界，是不可能的。只要心不放失，慢慢就能深入。

必要有自知之明，知道自己应止于什么，跑到底，不见异，"素其位而行，不愿乎其外"（《中庸》）。素患难，行乎患难；素富贵，行乎富贵。素定，是自"知止"来的。

"静"，心无外欲，"宁静以致远"（诸葛亮《诫子书》云"非淡泊无以明志，非宁静无以致远"），不知足则有外欲，人生最苦的为求不得之苦，人到无求品自高。镜可以鉴物，为其功用；而其德，则是"迎而不将"（《庄子·应帝王》称"至人之用心若镜，不将不迎，应而不藏"），无所不迎，不留痕迹，走过了无痕。

"安"，女在"宀"（mián，《说文》云"交覆深屋也"）下，喻安定，安稳，安于其位，素其位而行。"安汝止"（《尚书·虞书·益稷》），"钦明文思安安"（《尚书·尧典》），"在安民"（《尚书·皋陶谟》），"安无倾"（《论语·季氏》）。

"虑"，《说文》云："谋思也。"思有所图，计划之纤细必周。要养成虑深的功夫，虑深则出错愈少，愈准确，做事才能通敏。虑深通敏，此所谓"一致而百虑"（《易经·系辞下传》）。

"得"，《说文》云："行有所得也。"凡有求而获，皆曰"得"。"求则得之"（《孟子·尽心上》），各得其所，"得其所哉，得其所哉"（《孟子·万章上》），皆自得也。不妄想，要从自己所长入手。得其所止之宜，则"无入而不自得"。

儒家"定、静、安、虑、得"五步功夫，绝不亚于禅宗的"戒、定、慧"。经过"定、静、安、虑"四个修为了，而后有所"得"，自得。可不能贪得，人到财与情都不要了，才叫真的志。利欲熏心，人一贪图，就完了！

研究学问必得有脑子，是思想，活的。胆小，怕老婆可以，胆小不得将军做。志，心之所主，不能强求。一个人最低限度得了解自己，有自知之明也可以做点事。真有脑，生活永远愉快，看事绝对不同于一般人。

不要天天在欲上打转，什么都求第一也是变态，千万不要着相，"不应住色生心"，"应无所住而生其心"（《金刚经·庄严净土分第十》）。《心经》曰："依般若波罗蜜多故，心无挂碍（得失、利害）。无挂碍故，无有恐怖，远离颠倒梦想，究竟涅槃。"一着相就不好，任何事一笑置之，天下本无事，庸人自扰之。

出门，又何必对镜子照个不停？没有利欲的纠缠，才能将智慧升华。"嗜欲深者，天机浅"（《庄子·大宗师》称"其耆欲深者，其天机浅"），天机还不是智慧。天天在俗与欲中打转，那就没法活了。

政客只要不妖就好了，"绘事后素"（《论语·八佾》），没有好的底子怎么会好？狗嘴吐不出象牙来。

我之所以说这些，是要你们用脑，不是在讲故事。有脑了，还要有胆、有量，做事时，"识、胆、量"三者缺一不可。

佛经可以启发人的智慧，人能造佛造仙。证严是印顺的弟子，《法华经》的实行者。和尚是乞士，泰国规定不可以在家烧饭，要乞七家，逼人施舍，要人种福田，因为"施比受更有福"，所以多少有点儿限制，是人为的。

"定"，《易经·说卦传》称："天地定位。"《易经·杂卦传》云："既济，定也。"即不见异。定亲，定约，送定。

选对象，长得棒能当面包吃？要"贤贤易色"（《论语·学而》），不是看外表，色能长久？应重其德，贵德轻色。

问："天下恶乎定？"答："定于一。"又问："孰能一之？"曰："不嗜杀人者能一之。"问："孰能与之？"答："天下莫不与也。"

大一统，元同，性同。中国人的政治责任太重，大居正，"居天下之广居"（《孟子·滕文公下》），华夏思想，所以必要"兴灭国，继绝世"（《论语·尧曰》），继绝存亡。

一定要把中国思想看成是活活泼泼的，自己才能每天活活泼泼地活，有生命力。

"静"，何以能静？因为心无外欲、外务，不惑于欲、无所欲。一般人总想找一安静的环境去修行，但修行贵乎心静，行住坐卧皆禅。

何以天天苦恼？因为外务多，什么好处都想得到。任何事业绝不是一个人能够成就的，有嫉妒心的人绝不能成事。做人小器，就没有人帮你忙，怎么能够成事？

"安"，素其位而行。行仁，"造次必于是，颠沛必于是"，"素富贵行乎富贵，素贫贱行乎贫贱"（《中庸》）。安，没有不高兴，食不求饱美，随遇而安。

"虑"，"思之思之，鬼神通之"。有虑，细心、冷静，有耐力，有万全的准备。

"得"，得一了，"吾道一以贯之"。

人要知己之所止，但今天又有几个人知止？女孩知止否？男女生理不同乃是先天的，女人一犯贞操即可以检验出，男人则不然，所以女孩"知止"更为重要，应懂得人都是自私的，这是常态，不要想做超人。要保持一生的光辉，绝对要"知止"。

"知止"是活学问，每个人的"止"不同，安己之止。"知止而后有定"，都定了，位当，素其位而行，然后有所得。一个"止"字，包含无尽义。每个人都有每个人的"止"。

人就是自我陶醉！何以要如此自苦？五四时期，人物辈出，轰动一时，又留下什么？只留下多少迷思。可见"知止"是多么难！

要学实学，求真知，无真知能守得住？我在屋中坐五十年，现在到哪儿都说自己要说的话，没有包袱，到这年龄了，更是无名利问题。

物有本末，事有终始；知所先后，则近道矣。

"物"，包含人、事、物。"物有本末"，自此认识物，自基本入手。"事有终始"，如环之无端，终而复始，事情没完没了，永远有的，家务事永远忙不完。

"物有本末"，先"本"而后"末"，从根本到末梢，其中有多少高深的学问？我们只在自己知识范围内了悟而已，并不是都了解了！看宇宙的构造，不得不承认有造物者，天文家天天有发现，但天天明白一点儿而已。怎么去追究？天下的猫狗都一样，自此理悟。但人不懂的又有多少？要学会善用智慧。

"事有终始"，终而必始，终始如无弄清，就乱。利弊、是非、好坏、善恶不必看得太死，是自己体得与认识的，对面则不同于你，你说是利，对他而言却是弊；不旋踵间，你弊他利了。

一般人皆是非、利害萦其心，因此不能海阔天空。遇事应往宽处想。不要将事看得太拘泥，时间能够冲淡一切。

"物有本末，事有终始"。什么东西没有"本末""终始"？是"元"，也就是"二端之所从起"（《春秋繁露·二端》）。所以，舜遇事，"执其两端，用其中于民"（《中庸》）。

愈研究，愈感到祖先有智慧。天下事没有贸然发生、冲动决定的，必要"知其所以"才可以"得其所以"。必须详细体悟，无真知焉能应世？

"知所先后，则近道矣"，此"知"，是"乾知"，《易》"乾知大始""乾以易知""神以知来"（《易经·系辞上传》），"大哉乾元，万物资始，乃统天"，"先天而天弗违，后天而奉天时"（《易经·乾卦·文言》）。所以，"知所先后"，并不是一般的先后，而是"乾元统天"，先于天，而天弗违；后于天的，必奉天时，则天。

"知所先后"，知所以先、知所以后，一切都要知其所以然，要求其所以然，"先天而天弗违，后天而奉天时"，要懂得先、后的层次。知所以先、所以后，能顺事之性理之，则理事有层次，才能有条不紊。

"近道"，并不是得道，也不是成道。"心诚求之，虽不中，亦不远矣"，虽不中道，也近道了！

"不可为典要，唯变所适"（《易经·系辞下传》），要识时、识势、知理，知其所以。不在乎先走、后走，而在"时至而不失之"（《文子·上礼》"夫圣人非能生时，时至而不失也"。《文子》又名《通玄真经》），必要有智才能应变，要随机应变，"时乘六龙以御天"。事在人为，不在先后，就看你得什么，在结局时能否捷足先登。

我讲完课，都再想一遍。我讲学重视实用，但必须有根据，所以强调依经解经。你们开始奉元，结果必止于元，奉元行事。

我今天所讲的，就是孔子来听也得交学费。赶上时代，将前人智慧当作肥料，以元为种子，自己当园丁，勤加灌溉、照顾，有朝之日开花结果。

"首出庶物，万国咸宁"（《易经·乾卦》），"利建侯"（《易经·屯卦》），"协和万邦"（《尚书·尧典》），平天下了，而后天下平，"天德不可为首""见群龙无首，吉"，大一统，元统，大同。都有一思想体系。

宋儒偷禅宗，讲"虚灵不昧"。（朱熹注"明德者，人之所得乎天，而虚灵不昧，以具众理而应万事者也"）朱子集理学之大成。王守仁帮当权者除异己，立大功（因平定宸濠之乱等军功而封爵新建伯，隆庆时追赠侯爵），真是为道而战？

清朝中兴，曾、胡、左等平定洪秀全之乱，乃是为道而战，为中国文化而战，因此使清政权得以再延续六十年。

曾国藩《讨粤匪檄》："自唐虞三代以来，历世圣人扶持名教，敦叙人伦，君臣、父子、上下、尊卑，秩然如冠履之不可倒置。粤匪窃外夷之绪，崇天主之教。自其伪君伪相，下逮兵卒贱役，皆以兄弟称之，谓惟天可称父，此外凡民之父皆兄弟也，凡民之母皆姊妹也。农不能自耕以纳赋，而谓田皆天王之田；商不能自贾以取息，而谓货皆天王之货；士不能诵孔子之经，而别有所谓耶稣之说、《新约》之书，举中国数千年礼义人伦诗书典则，一旦扫地荡尽。此岂独我大清之变，乃开辟以来名教之奇变，我孔子孟子之所痛哭于九原，凡读书识字者，又乌可袖手安坐，不思一为之所也。"

孔子一上台就诛少正卯，要除障碍，仁者不是不杀，"唯仁者能好人，能恶人"（《论语·里仁》）。

《荀子·宥坐》载：孔子为鲁摄相，朝七日而诛少正卯。门人进问曰："夫少正卯，鲁之闻人也，夫子为政而始诛之，得无失乎？"孔子曰："居！吾语女其故。人有恶者五，而盗窃不与焉：一曰心达而险，二曰行辟而坚，三曰言伪而辩，四曰记丑而博，五曰顺非而泽。此五者，有一于人，则不得免于君子之诛，而少正卯兼有之；故居处足以聚徒成群，言谈足饰邪营众，强足以反是独立，此小人之桀雄也，不可不诛也。是以汤诛尹谐，文王诛潘止，周公诛管叔，太公诛华仕，管仲诛付里乙，子产诛邓析、史付，此七子者，皆异世同心，不可不诛也。《诗》曰：'忧心悄悄，愠于群小。'小人成群，斯足忧也。"

必要分清楚。正或邪，历史必有最后的审判，邪不能侵正，真理就一个。

必要有深刻的认识，不可以似是而非。今天是非混淆，助人为恶者比比皆是，但无论什么环境，终究必站在真理这方面。我在蒋家时代，净吃眼前亏。

古之欲明明德于天下者，先治其国；欲治其国者，先齐其家；欲齐其家者，先修其身；欲修其身者，先正其心；欲正其心者，先诚其意；欲诚其意者，先致其知。

"古之"，点出主题了。"欲明明德于天下"，要与天下人同明明德，以己之昭昭，使人也昭昭（《孟子·尽心下》云"贤者以其昭昭，使人昭昭"）。

大家皆"明明德"，明生生之德，才能尊生，进而卫生、荣生，止于至善，"见群龙无首，吉"。

中国是礼仪之邦，诸侯之国如齐、鲁，称邦，天子之国，称国和天下。"先治其国"，《大学》里的"其"字，皆当自己讲，先治己国。

"欲治其国者，先齐其家"，欲治己国，先齐己家。"治国以法，齐家以礼"，"齐家"，家中用法，谁听你的？齐家须以礼，不然，第一个反对的就是你老婆，儿子心里也不服。

"妻者，齐也"（《白虎通义·嫁娶》云"妻者，齐也，与夫齐体，自天子下至庶人，其义一也"），与夫齐，二人齐头并进，并驾齐驱。齐家以礼，对太太要相敬如宾，懂得妙境了，才懂得人生。夫妇之密，亦得守礼，要有个型。"刑（型）于寡妻"，做个模范，二人走时，说"夫人请"，示礼让。

"齐"者，平也，恭也。一代一代绝对齐，吃饭时一辈一齐，一辈一起吃饭，其乐也融融，边吃边解决家庭问题，决定家中的大策。以前八十口为普通家庭，至少一百多口。

堂兄弟的生活都一样，发月银，有一定的规矩，一辈一个待遇，显不出谁亲谁不亲。月银用完，只能赊借。我用完，常向几个姐姐借贷，被我额娘得知了，训诫，不许再犯。

"欲齐其家者，先修其身"，欲齐己家，必先修己身。"刑于寡妻，至于兄弟，以御于家邦"（《诗经·大雅·思齐》），做太太的模范，太太心服了，才能治大夫之家、诸侯之国，做政治家。

夫妇至近、至密，但也得守礼，要有个型，太太能服丈夫最难，"身不行道，不行于妻子；使人不以道，不能行于妻子"（《孟子·尽心下》）。先修其身，"其身不正，虽令不从"（《论语·子路》）。

修身，先致己"知"，即《易经·系辞传》的"乾知"，亦即《易经·乾卦》的"乾元"，孟子称"良知"，佛称"性智"，先使"良知"发挥作用，与生俱有的性智。

"欲修其身者，先正其心"，修身何以要先"正心"？因为心没正。先除心之患，正心。正心，"志，心之所主"，人真有志了，就不讲利害。"士尚志"（《孟子·尽心上》），以此衡量一个人。心，是体，正心。正心，而后心正。心正，为用。《大学》"正心"之后，此"心"之作用方足以为法。心正了，为用，才是正道。

"欲正其心者，先诚其意"，正心，先诚意。"在天曰命，在人曰性，在身曰心，在心曰意"，心猿意马，人太复杂，每天心意不定，所以首先要诚己意，即意念。

"万物动而不形者，意也"（《春秋繁露·天道施》），而心之微一动就不行，起心动念，如意不诚，则心不正，心为意之所从出。诚意，自"毋自欺"开始，真心亦即诚。诚意之至，则意即诚，诚即意。

《中庸》与《大易》相表里，《大学》（用）与《中庸》（体）相表里。《中庸》是《易经》的缩本，是小《易经》，是中国思想的发源。

《大学》讲习，《中庸》讲心。因为"习相远"，故必"诚意正心"，否则就跟着欲跑掉了。欲为苦根，身为苦本，故"嗜欲深者，天机浅"。知此，又何必自找苦吃？

现在的小孩，大人自小就为他安欲。欲，永无止境，一如熏的功夫。以前"同庆楼"以熏有名。

"欲诚其意者，先致其知"，八条目：格物、致知、诚意、正心、修身、齐家、治国、平天下。格、致、诚、正、修、齐、治、平，即中国的"八骏图"，八个远大的图谋。昔日有文化家庭，家中多挂有《八骏图》，用以勉励。

致知在格物。

《学庸》有力量，可以应万事万物。《大学》经文的转折点就在"致知在格物"一句。熊先生在《读经示要》（卷一，初版刊于 1945 年 12 月），对格物之学有相当看法，可以参考。

"致"，当动词，有求取、获得之义，同"致中和"之"致"，乃是功夫所在。《中庸》"致中和"，是人的事，"致中和，天地位焉，万物育焉"，天人合德了，最后"与天地参矣"。

"致知"，是致什么知？王阳明说"致良知"。"良知"一词自《孟子》来，但称"良知"，则有良也有不良。《易经·系辞传》"乾知大始""神以知来"，乾以"知"作为原动力，大始万物，所以，致知的"知"，应是"乾知"。

"大哉乾元，万物资始"，虽看不见，但是可以体得，体万物而不可遗也，此即《中庸》所谓"微之显，诚之不可掩"。

"致知"，是有智慧了，懂得求，要求什么？求一看不见的东西，以达"知"的境界。要知止，止于至善，达至高之境，所以要深究。

"格"，一、穷究；二、正，"格君心之非"（《孟子·离娄上》），匡正。"物"，包含人、事、物。"格物"，探究人，研究事、物之性。能尽己之性，然后能尽人之性，进而尽物之性。"尽"，是一点儿保留也没有，完全发挥出来。

"致知在格物"，研究物，在正物之性、物之用。物如用偏了就坏，也不可以随便浪费。"格物"，研究事物，就达"知"的境界，"乾以易知"，"乾知大始"，正本，不舍本逐末。

物格而后知至，知至而后意诚，意诚而后心正，心正而后身修，身修而后家齐，家齐而后国治，国治而后天下平。

"物格而后知至"，懂得求了，求真就有所得，求知—得知—知至，"知至至之"，即有了结果。

先"知止"。下什么功夫？"至"。如有一点儿距离，也不是至，大哉至哉。"至"，是功夫，"知至至之"。"知止"，

"止于至善"，得天天拼命达到那个善。希圣，下"至"的功夫；"知至至之"，达至圣了。

每个字都得如此下功夫，没有空的。"知至至之"，含"知终终之"（《易经·乾卦·文言》称"知至至之，可与几也；知终终之，可与存义也"），"无成有终"，"永贞，以大终也"（易经·坤卦）。

致知—知至，一"知"双转。《大学》著"知"，"格物致知，物格知至"；《大易》藏"元"，"大哉乾元，至哉坤元""乾知大始，坤作成物"。

"知至"，而后知耻、知言……"知止"，是从格物所得的经验。"知止"，而后有定、静、安、虑、得，皆自得也。人人皆有性，人人皆可以率性；人人皆有道，人人皆可以为尧舜。

道之所以远人，乃因"人之为道而远人"，所以不可以为至道。宇宙是个大天地，人是个小天地，"天之历数在尔躬"，"万物皆备于我"，皆不假外求，是与生俱来的。

《大学》"致知在格物，物格而后知至"，尽性而后知至，是体验万物之后，有了正知正见，知道"知止"，止于至善，"为人君，止于仁；为人父，止于慈"。"知止"，就是自"格物"有了结果来的。

"格"，研究，正也；"物"，包含人、事、物。"格物"，正物，类物，研究万事万物所得的经验，《易》讲"类万物之情"。类万物之情、正万物之情，是为了尽物之性。

人为万物之灵，可以类万物之情，正天下之人、事、物，尽己之性，尽人之性，尽物之性。能尽己之性，就能尽人之性；能尽人之性，自觉觉人了，就是"作新民"，己立立人、己达达人。

"知止"，结论就一个：谁能"知止"就不失败。中国人的智慧完全自体验中得来。伏羲仰观俯察，近取诸身，远取诸物，画八卦，"以通神明之德，以类万物之情"（《易经·系辞下传》），即"致知在格物"的功夫。

没有发于"知"，就不真知，完全是假的，故曰"致知在格物"。

真懂了，才叫明白，非听一遍就能明白。重视中国人的思想，看我们多落伍！

昔日笔筒八面皆有格言，当顺口溜、座右铭，但是摆在面前有天天看？写没有用，知道不去实行，就等于没有知。只讲不做，岂不只成糊口的工具而已？证严法师的成功，是在于行，不在于讲。真想有成，要行。

当政者如果本身比土匪还坏，还谈得到治国、平天下？看台湾社会，人心无所主，政客们不知自己天天搞些什么，什么也不懂，就不真知。

无超人的智慧，又如何领导别人？你们每天看时事，是活课本，智慧之泉源，以之作为印证，就知道自己应该如何奋斗。

别人没有像我这么想、这么讲的。我至今犹为志奋斗，人有志永不废颓。"善教者，使人继其志"，孔子"志在《春秋》"。《春秋》为用，《大易》为体。我重视《大易》与《春秋》，作为书院主经。

朱子认为《大学》古本有错乱，另修订；王阳明不以朱子为是，照古本讲。

"四书"很重要，如真下功夫了，除《大易》与《春秋》外，中国书都可以自己看。"四书"是中国传统思想的基础，但在台湾地区教中国学问的教授，从头至尾读"四书"的没几人！

《尚书》即《书经》，《周官》即《周礼》。研究社会学，应注意《周官》一书，但是费劲。中国书太多，熊十力的《读经示要》最为捷径。

此外，皮锡瑞（1850—1908，宗今文说，被誉为"研精汉儒经训之学，宏通详密，多所发明"）的《经学历史》及《经学通论》亦可参考。在读一经之前，自己先看有关的概论书，必要求真知。

好好用脑，开辟新天地。中国学术伊始即系统化，中国学问确实是"一以贯之"，有系统，也确实有学统。但以前用竹片，易于散失，也有错简，丢太多了，《易经》后面丢太多，也有后人掺入的，所以难看出系统。如不丢，不得了！

孔子"读《易》，韦编三绝"，翻来覆去研究，所下功夫之深，"假我数年，若是，我于《易》则彬彬矣"，晚年赞《易》，"序《彖》《系》《象》《说卦》《文言》"（《史记·孔子世家》）。就现有经文悟，必要好好下功夫。中国学问皆实学，悟通了，都是成方子，可以取之不尽、用之不竭。

中国精神乃是"和而不流"（《中庸》云"君子和而不流，强哉矫"），五伦皆含群德，承认"我"以外，有"别人"的存在。"和"，群德，见谁都处得来，可不能同流合污。

"羊羹虽美，众口难调"，人的毁誉能影响你就坏了！毁誉能动心，那一生绝不能成事。要有自己的主宰，俯仰无愧最重要。

我年轻时好旅行，就不以美国值钱，没去美国。八国联军，英、法、德、美、日、意、奥、俄，国家全靠国势排行，并不代表其学术高。

亚洲国家大都受中国影响，尤以韩国为深。昔日越南亦到中国参加科举考试，日本则有许多古中国书。

日本到中国制造五个政权，除"满洲国"的溥仪（1906—1967）、内蒙古的"德王"（1902—1966）外，其余的都被枪毙了。

王揖唐，是顾家（徐乾学之后，也是顾炎武的支裔）门婿，绝对高门。那时，我看到王被枪决，满脸的胡子卧在血泊中，至今犹不能忘怀！

王揖唐（1877—1948），安徽合肥人。近代中国著名政治人物、诗人，曾在"中华民国"北洋政府以及日本成立的多个傀儡政权中任职。有赞美日本天皇裕仁的诗作："八纮一宇浴仁风，旭日荥辉递藐躬。春殿从容温语慰，外臣感激此心同。"1948年9月10日，他以"为敌宣传战功，叛国亲日，五次举行治安强化运动，供敌粮食、金钱及其他物资，增强敌人实力"等罪名，在北平的监狱被枪决。

都是因为迷而出了问题。"先迷失道，后顺得常"(《易经·坤卦》)，这句话多发人深省！光看名利，而不知名利后面，就是祸害。现在有人觉醒，但已经慢了。

龙、麟，在中国为最重要的两个符号，《春秋》绝笔于获麟，称"麟经"。

《春秋公羊传·哀公十四年》"春，西狩获麟"，《传》曰："何以书？记异也。何异尔？非中国之兽也。然则孰狩之？薪采者也。薪采者则微者也，曷为以狩言之？大之也。曷为大之？为获麟大之也。曷为获麟大之？麟者，仁兽也。有王者则至，无王者则不至。"

《易经》乾卦六爻，象征六龙，由潜龙至亢龙，喻六变，"时乘六龙以御天"，为"龙经"。

要求真知，必经过苦修了，才能"本立而道生"。做人亦必求真知，才不会一步步走错。

真知，要"与时偕行"（《易经·益卦》），何以时一变就改变，哪有真知可言？

我在台湾教书五十年，是过来人，但我永不后悔。可是你们不行，你们没有立场。我有时自嘲，多大的耐力呀！在屋中坐五十年。

"知至而后意诚，意诚而后心正，心正而后身修，身修而后家齐，家齐而后国治，国治而后天下平"，从"致知"到"知至"，此"知"是什么？何以"知至"了，而后"意诚、心正、身修、家齐、国治、天下平"？

何以境界都没有达到？乃因为心没有正。想正天下，必得先把自己变成规、矩，才能正天下的方圆，因为"不以规矩，不能成方员（圆）"（《孟子·离娄上》）。

"格致诚正"，心正则身修，近悦远来，化民成俗，家齐—国治—天下平。"子帅以正，孰敢不正？"必自正而后能正人，即一部《大学》。

天下平，止于至善，拨乱反正，圣功。《易经》从"蒙以养正，圣功也"，到"天德不可为首""见群龙无首，吉"，则达太平世、大同。

要求真知，不真知，天天装神弄鬼，以至于今天社会百病齐发。大学生的脑子有像个大学生？幼稚病、光怪陆离现象层出不穷，就因为都没有脑，都没有学智慧。

台湾捧关公，尊为"关圣帝君""武财神"，关公根本是个莽汉，其历史为一笔糊涂账。历史读清楚了，才能有头脑。

自天子以至于庶人，壹（一切，完全）是皆以修身为本。其本（修身）乱，而末治者否矣。其所（据其人而言）厚（看重）者薄（看轻），而其所薄者厚，未之有也。

"本""末"，是以层次言，修身为本，其余为末。本乱末治，明确告之，不可能的事。

"厚""薄"，乃是看重与看轻的。"于所厚者薄，无所不薄也"（《孟子·尽心上》），也就是本末倒置。"末之有也"，没有这回事，肯定的语气。

"修身为本"，本立而后道生，"己立立人""己达达人"（《论语·雍也》称"仁者，己欲立而立人，己欲达而达人"），自救而后能救人，不能自救焉能救国救人？

孝为德本，本不立，家就乱，本末倒置！看小孩，即可知其家庭如何，家庭教育极为重要。小孩没有家教，不懂得人的尊严和为人之道。如从小就教导，知道尊严与责任，就不会作践自己。

教育应重视修身，要使小孩修到自己够水平，而不是去骂人、打架。以修身作为生活教育，好好教育下一代，树立有文化的形象，也是家庭幸福的基石。

结婚，必要选有德的太太，否则一子下错了，满盘皆输。没有家教，下一代也不会好。德，乃是能按部就班，每天尽自己的本分。选对象必选有德的，小孩的好坏，关键即在母亲。

伟人的父亲不必是个伟人，而伟人的母亲必是个伟人，因为小孩从小天天与母亲在一起，耳濡目染，是身教之所在，攸关小孩的终身幸福。

以前女人将孩子看得重要，不把感情摆第一，极有智慧。一个女人应用学问与智慧装饰自己，有专才才是真美，日久愈加芬芳。

要聚精会神，小事也清楚，不可以马虎。暗处都注意看，定有成就，因为能专。注意一般人不注意的事，从小事可以看出一个人，自写字，可看出其心定不定。楷书，庄以莅之，必要有毅力，有定力。从小就训练，否则也要在青年时培育好。

严格训练自己守分做事，不犯毛病。享福与受苦，没有标准。原则：可以没有成就，但绝不可丢祖宗的脸，无忝所生。必要叫别人说好，即乡愿，色庄，伪君子。

年轻人无论家庭环境怎么好，日用也不能超出一般人的生活水平，否则养成习惯了，没有就不行，后患无穷。

为人父母的不能没有理智，昏头昏脑，尽教女儿学唱歌、跳舞，而不教之以道，日后以之谋生就糟，净为人作乐子。

小孩要学的东西太多了，不如人的地方也太多，绝不能偶俗、随俗，应知所当务，当务之为急。

要过智慧、理智的生活，习惯成自然。吃应定时定量，不是吃得好。过精神生活，人就怕忧虑，心境很重要。

想身体好，自年轻开始保存，注意摄生之道。过正常理性的生活，凡事不可以过量、过力。

年轻人喜助人，但也必懂得行有余力再去助人。不能做力所不能及的事，否则是自苦。事不关己，力量达不到绝不做，不自苦。一个自苦的人还能做什么事？必行有余力了才去做。有人向你借钱，必在自己能力内，则不还你也可不要，才不必最后要跳海。按自己能力借人，不还不找他，否则朋友就断交了；送回，谢谢他。

各人有各人的环境，应按自己的身份、环境行事。必按自己能力做事，不要靠冒险做事。处世要有一定的分寸，不能因人因事而异，一旦失了分寸，自己就站不住了。

人与人交往，必要有一定的原则、标准。没有危急能向人借钱？许多人就是被亲友拉垮的。绝不超过自己的分与寸，完全感情用事太危险！完全靠冒险求生存很可怕！

做事，必用智慧衡量其高低，不贵乎人知，而贵乎自己心安理得。遇事，要前后左右去想。上品，最上品；智慧，妙智慧。层次不同。

何以要研究孔学？要求什么？孔子说伯夷、叔齐："求仁而得仁，又何怨？"（《论语·述而》）人真有志了，就不讲利害。"士尚志"，以此衡量一个人。

当领导的贵乎有德、能，贤者在位，能者在职，能领导群众。将来哪个同学能领导书院？已经一天比一天近了，必要用智慧解决。

领导贵乎有德、能，没有德，什么也不行。要学智、修德，智德兼备，必仁且智。

传第一章　释明明德

《康诰》曰："克（能）明德。"

《尚书·周书·康诰·序》："成王既伐管叔、蔡叔，以殷余民封康叔。"

此为成王任命康叔治理殷商旧地民众的命令。

《大甲》曰："顾谉（shì，是、此）天之明命（在天曰命，明德）。"

《尚书·商书·太甲上·序》："太甲既立，不明，伊尹放诸桐。三年，复归于亳，思庸，伊尹作《太甲》三篇。"

《帝典》曰："克明峻（大）德。"皆自明也。

《尚书·虞书·尧典·序》："昔在帝尧，聪明文思，光宅天下。将逊于位，让于虞舜，作《尧典》。"

古本《大学》与朱子的修订本，所排列不同。朱子一改编，就成问题了，传与经乃有所出入。

《帝典》，是主宰的规范，即如今之大法。以尧、舜为标准模范的人物，故曰帝尧、帝舜。《尚书》以二典（《尧典》《舜典》）作为主宰之大法。

《康诰》《太甲》及《帝典》，三篇皆出自《尚书》。此为三句、三件事、三个境界。

一、"克明德"（《康诰》曰："惟乃丕显考文王，克明德慎罚"）："克"，能；"明德"，即本心。"克明德"，能明德，能明谁的德？明己德。自明，才能用有德者，能慎罚，"举直错诸枉，能使枉者直"（《论语·颜渊》）。

二、"顾諟天之明命"（《太甲上》曰："先王顾諟天之明命，以承上下神祇"）："顾"，常目在之，同"观自在"之自在。"諟"，是，此也。念兹在兹，眼睛在看，不离，如母亲看婴儿，目光不离，唯恐一不小心摔坏了。在天之明命，"在天曰命"，明命，体。必先有以自明。

三、"克明峻德"（《尧典》曰："克明俊德，以亲九族"）："克""明"，皆功夫；"峻"，大也，"峻极于天"。天德，天有好生之德，尊生，仁也。尧则天，"唯天为大，唯尧则之"，"克明峻德"，能明天德，尽性，发挥性的本能。去私，则天，法天，天无私覆。

"皆自明也"，必得"自明"，别人是帮不了忙，爱莫能助的。"君子以自昭明德"（《易经·晋卦》），皆非外求的，乃是与生俱来的明。每个人皆富有无尽藏，不必自外求。成功，皆自强也。

会讲《易》，但是《易》对自己能否有所助益？赵普（922—992，北宋初年宰相）以"半部《论语》治天下"；我以为半部犹多，只要真行了，一章就足以成功。

一年写八本书，也不过是抄书匠而已，并不代表你的生命。会背书，骗钱的工具够了，但是不能行，也不是真学问。

谁不往自己的脸上贴金？香河老太太就是真的，她不会讲，就是行，内心是绝对圣洁，真是"六祖堂前一菩萨"。

1992 年，河北省香河县淑阳镇胡庄村香河老人去世。香河老人原名周凤臣，平日衣着俭朴，长年茹素，口味清淡，不沾烟酒，早睡早起。为人正直，忠厚善良，乐于助人，恪守孝道，对长辈尽心服侍，对平辈平易谦和，对晚辈宽爱严教。日常多行善事，为人治病，兼修炼了自己的功力。去世时 88 岁，死后尸体不腐，并且保存完好。

自己不能，而别人能了，就不能说天下人没有，广钦（1892—1986）死后得的舍利子多。真知不易，一个人内心没有反省，写什么书都没有用。

会背书就有用？必得行，且行到全身皆舍利（遗体火化后，形成的固体结晶物）的境界。六祖（638—713）距今已经一千多年了，据说他的金身现在敲起来犹有铜声，真是到了化境，不是常理所能明白的。

传第二章　释新民

汤之《盘铭》曰："苟（诚，真的）日新，日日新，又日新。"

"盘"，古代的洗脸盆、洗澡盆。"铭"，刻在器皿上用以警戒的箴言。青铜器宝贵的就是上面的铭文，也就是金文。

"苟日新"，诚日新，真的日新，日新己德，刚健，行健不息。刹刹生新，时时新，从里到外皆新，能不合乎现代所需？

"苟日新"，真的日新；"日日新"，不足，要每日新；"又日新"，还不行，再加一翻，又日新。21世纪中国必然新，时代推动的，不能不新，但根可不能变。

根据一个原理推，思想也必然演进。在开你们的智慧！就为了"作新民"，"振民育德"（《易经·蛊卦》），"以果行育德"（《易经·蒙卦》），以达华夏化成。

人皆望子成龙，振子，但还要始终如一，育德。得好好教子。汤如此用心备着，可是他的后代子孙看了吗？如真看了，又怎么会亡国？可见根本就没看。

萧规曹随，其实是懒惰人掩饰自己不成才的做法，一个懂得创新的人，绝不会只是萧规曹随，因为"不可为典要，唯变所适"，所以要日新又日新，"通其变，使民不倦"，"易穷则变，变则通，通则久"（《易经·系辞下传》），穷、变、通、久，"穷变通久"，这也就是《易经》最伟大的地方！

新，是因于旧，"因不失其亲（新）"（《论语·学而》），是有所本的，不知旧的，怎么能够创新？"温故而知新，可以为师矣"（《论语·为政》）。如不懂得"因"就求新，那岂不成空中楼阁了？

今天讲中国思想，为什么要掺杂外国思想？怎么新？孙中山，谱名德明，字载之，号日新。

人的修为特别重要，不要太马虎。今天疯子太多！时代是演进的，物质可以进步，但行为不可以出轨，品德可是没有新旧。君子终日新，日日新，"夕惕若，厉无咎"，"又日新"。

《康诰》曰："作新民。"

《康诰》曰:"汝惟小子,乃服惟弘王应保殷民,亦惟助王宅天命,作新民。"

人活着,得做个新民。怎么新法没说,就告诉每个人都得"作新民"。就此看古人,没有一个不是好人的,他都备着,但是人人都不看。

"作新民",必要去旧染,才能新民。如人家怎样,我也怎样,即"染"。社会是个大染缸,传染病严重,墨子悲丝之受染,《爱莲说》赞莲"出淤泥而不染"。

取名字要注意,周道济,可见其父为读书人。奉元书院要"道济天下",传技术可以糊口养家,有一技之长即精一。"新民",即是"道济"。济,渡也,"天道下济而光明"(《易经·谦卦》),奉元"智周万物,道济天下"。

讲"亲民"或是"新民",都有证据。先亲民,才能新民。去旧染,时时新,进进不已。新民,道济。

《诗》(《大雅·文王》)曰:"周虽旧邦(诸侯之国),其命惟新。"

"周虽旧邦",邦,诸侯之国;旧邦,国家老了。"其命惟新",不失其新,日新己德,德仍不停,上天乃不停赐新命给他。新,是根据旧来的,"因不失其新","周虽旧邦,其命惟新",旧国不代表落伍,在能维新与否。

中国自从鸦片战争(1840—1842)以后,最大的乱就是国人失去了自信心，"夏畏于夷"。"新儒"，根本是"夷儒"！

古老的中国要创造维新，养料太多了，虽是旧邦，"其命惟新"，随时，每天所行的事绝对时髦，不就是维新吗？怎么可以以"夷化"为新？

要用许多作为参考，以时事为师，了解"时"与"事"才能鉴，以此为鉴。

是故，君子无所不用其极。

"是故"，说了千言万语，还告诉你，因为这样……所以……

"君子无所不用其极"，"极"，究，穷究。什么都有极，太极，形容极到头了。人极，人的至高境；皇极，治理的准则。"无所不用其极"，"无所"，没有地方；"无所不用其极"，没有地方不用最高的手段，所以要"素其位而行"。目的呢？"无入而不自得"。

"无所不用其极，无入而不自得"，这两句话多可怕！真是比法家还法家。就这一章里面的含义有多少？

"无入而不自得"，"德者，得也"（《礼记·乐记》），有得于心，所知都能行，就有所得。贵乎求德，知行合一了，才是德。"无入而不自得"，到哪儿都能自得，皆自得也。

"新民"，就是"道济"，贵乎行。"新民"，也得用"极"的方法，"无所不用其极"，无论在什么地方，必要用自己最高的手段、谋略，用此一智慧应世，故孔子说"我战则克"

（《礼记·礼器》）。

　　细心，懂得境界了，就会用其极。张大千晚年的泼墨境界高，此即画道之极；香河老太太肉身不腐，则是修道之极。没有达到最高的境界，乃是没有能用其极。读书真明理了，夜里都睡不着。

传第三章　释止于至善

　　《诗》(《商颂·玄鸟》)云："邦畿（京畿之地）千里，惟（语词）民所止。"

　　"邦畿千里，惟民所止"，邦，诸侯之国；畿，京畿，是皇帝的所在地。"惟民所止"，即民之所止，含有"尊民"的思想。

　　读书人之卑鄙，说"惟民所止"影射"雍正无头"，乃大兴文字狱。没有比读书人再卑鄙的，没有比老百姓再纯洁的！所以，如果真是有极乐世界的话，那绝对是纯洁老百姓去的。一个有知识的人如无德，则连妓女都不如，还谈什么？

《诗》（《小雅·绵蛮》）云："绵蛮（鸟叫声）黄鸟，止于丘隅（山的一角）。"子曰："于止，知其所止。可以人而不如鸟乎？"

"绵蛮"，鸟叫声；"黄鸟"，鸟中最小的。"止于丘隅"，在山的一角栖息，是人少到的安全之所。

不"知止"，"可以人而不如鸟乎？""知止"，许多事要先立志，孔子"十有五而志于学"（《论语·为政》），止于自己有所保障处，止于自己之所安。同学如能"知止"，不出十年都有成绩，但是必要走正路。

"于止，知其所止"，自己要学什么即己之所止，就应"无所不用其极"，才能"无入而不自得"。

但各人之所止不同。各人所止不同，做什么都有其所止，要下"精一"的功夫，有一技之长了，就不必要饭，如学会做馒头，跑到哪儿也不会饿死。件件通，则件件松。

问自己："外国语学得如何？"时间、空间都有，何以不好好下功夫？有一技之长了，就不必为人做奴，就因为没有吃饭的本钱才会不要脸。人必要谋一技之长，才能保自己的尊严，天爵自尊吾自贵，要自尊自贵。

天下最可怜的是知识分子，尤其有德者少，历史又有几个文天祥、史可法、岳飞？国民党败逃之际，又有几个殉身？

我小时本想学医，太师母要我救国，结果自己都没救成。"知止"，真有所止，就有选择的余地。

台湾许多馆子都是大兵传的，独树一帜，军人有人格的太多了。台北"不一样馒头店"，是来台的大兵开的，现在他四个儿子各买一栋楼，因为做事认真，当然就"不一样"了。

我不是在讲故事，你们遇事可有认真过？人精神一到，何事不成？每个人应知道自己之所止，就在自己所止上下功夫，不外求，久必有所成。

今天社会正需要有头脑者来指导。现在不良风气已经蔓延至小学了，连小孩子都要闹自杀，究竟他们从电视、手机、网络有没有得到好处？是否"未蒙其利，先受其害"？

《诗》(《大雅·文王》) 云："穆穆 (温和宁静) 文王 (文德之王)，於 (wū，语词) 缉 (继续不断) 熙 (光辉) 敬止 (敬己所止)。"

经文中的"文王"，系指文德之王，"法其生，不法其死"，是法"生文王"，代代皆有文王，因为人人皆可以为文王，只要修文德，就是活文王，不是指周朝的文王姬昌。何况姬昌称文王，乃是死后的谥号。

古代帝王、诸侯、大臣等具有一定地位的人，死去之后，根据其生平，给一有评判性质的称号，相沿成为制度，此制度称为"谥法"，所给予的称号名为"谥号"。谥"文"，表示具有"经纬天地"的才能，或"道德博厚""勤学好问"的品德。

查一查周厉王的谥号，看是何义。

厉，表示暴慢无亲。周厉王是贪婪之君，国人暴动，他逃到彘（今山西省霍州市东北）并死在那里。谥"厉"，便是对他予以斥责的"恶谥"。

你们要学智、修德。

"穆穆文王"，绝对不是开玩笑、白捡的文王，必要有修养的功夫，其功夫即为"穆穆"，有涵养，此乃成其为"文王"的功夫。

"於缉熙敬止"，文王之所以"穆穆"，学问高深，宁静致远，乃因在"敬止"上有所光辉，且继续不断发挥他的光辉。

"敬其所止"，"敬止"，慎择己之所止，止于至善。下"敬止"的功夫，对"止"绝不马虎，"敬事而信，节用而爱人，使民以时"（《论语·学而》）。敬事，敬业乐群，乃敬己之所止，天天不断地做光明磊落的事。

敬这个"止"，"知止"，得慎重地选择这个"止"，一如择业，这一生所要做的事即是自己的"止"，"敬止"即是敬业。读书人如果一无所长，将来就得靠骗人吃饭，那将来就与极乐世界绝缘了，所以要敬止，要敬止啊！

来台军人在台开许多风气，凭其一技之长可以不受气。"谭厨"现在已经是徒子徒孙。

谭府宴，可说是中菜精品，列为中国四大名宴。谭府宴最知名的菜色，包括谭延闿最喜爱的鱼翅、豆腐和鸡汁芽心等。因谭延闿字祖庵，号无畏，人称畏公，这些依他美食品味及指示所做的名菜，也被冠上其名，被称为"祖庵大排翅""畏公豆腐""畏公芽心"等，成为知名的名菜。"谭厨"的曹荩臣，在谭延闿家中掌厨十年，研发出许多菜色，他的弟子之一彭长贵到台后，成为台湾湘菜开山祖，创办"彭园"。彭的得意弟子黄清标，现任新加坡金沙酒店金山楼总主厨，有"新加坡厨界教父"之称。黄又将手艺传给"常聚"的陈铭德。

"天然台"以"连锅羊肉"一口锅好，但是现在也不行了。闻香下马的没几人，多半是闻酒下马。

是说"真"的，都是假的，"真北平"以烤鸭有名。烤鸭，油要烤到肉里，肉又软又嫩，油不可以淌出。真知的没有几个，知味亦无几人！

什么也不能，还装士大夫阶级，还不如小老百姓摆地摊，与城管斗智。社会上就是斗智，战争是不得已而为之。黑金挂钩，一无所长者骗老百姓吃饭，百姓不高兴了，热

闹！"天明畏自我民明威。"（《尚书·皋陶谟》）

　　为人君，止于仁；为人臣，止于敬；为人子，止于孝；为人父，止于慈；与国人交，止于信。

　　"知止"，含无量义！"知止"，如是领导者，"止于仁"，就是爱民。为人做事的，"止于敬"，就是敬事。此章很能启发人。

　　"为人君，止于仁"，养人，爱人，无不爱，没有分别心。做君，爱民，无不爱。"为人臣，止于敬"，做臣，"敬事而信，节用而爱人，使民以时"，敬事，是好好办事，并不是磕头。

　　《学庸》本是《礼记》之篇章，《礼记》成于汉儒。秦汉已经是君权思想了，"君"列为五伦之首，"忠"放在孝之前。我们今天不讲君权思想，而是要讲传统的"天下"思想。

　　将《学庸》两个"经"文相对应看，可看出后面的"传"，其中有些文字是汉儒所加的。自两个经文去体悟，要串在一起看。

　　想成就事业，修身、齐家为本。"为人子，止于孝；为人父，止于慈"，孝慈，孝生我者，慈我生者，皆责无旁贷。

　　"不养儿，不知父母恩"，但今之"孝子"，却是孝顺儿子。孝，乃是天生的，还要讲？为人子，孝顺父母应为第一要义。没有父母，哪有今天的你？

　　"为人子，止于孝"，必做，以顺当孝，孝顺父母。我这一代不敢不孝，否则没有立足之地。今天的人把"孝老婆"看得比"孝老妈"重要，多少人"娶了媳妇，忘了娘"。

我的学生憾事多，有闹离婚的，可不是普通的。其中有一位太太已经发狠要签名了，孩子都已经长大了。台湾人一有饭吃，就换老婆，何不使男人都打光棍？

还有委身事奉岳父母，而置自己父母于不顾的。孩子都已经大学毕业了，各有归宿，老两口一寄住妹妹家，一住"荣民之家"，已经分崩离析了！儿女究竟有无人性？如为人子女的都以利合，置父母于不顾，那人性何在？都知道"止于孝"，那要怎么孝？

一个人如果自己能够生存，那就在旁边好好看他自己生存，不要"热水浇花"，此即"知止"。我绝对不给子孙一文钱，那他就会自己去想办法生活。他们能够自己生活了，我就不锦上添花，将来东西都给满人。

"嗜欲深者，天机浅"，我不想做不到的事，无所贪，无所欲，就在屋中坐五十年，所以头脑比一般人澄清，至少无忝所生。

"与国人交，止于信"，"国人"，国都城内外之人；领导人要与国人互信，才能成就事业。信，大家都会说，可是行最难。

朋友以信，"与朋友交而不信乎"（《论语·学而》）？朋友更得"止于信"，必懂得处人之道。

你们同在一屋受课，彼此打过招呼的又有几人？没有群的力量又怎能发挥作用？没有群德，哪有群力、群策可言，岂不是苟合？

一个人的成就都是血染的。曾帅的顶子是血染红的，故誉之者曰"圣相"，毁之者曰"元凶"。孔子的成就确实不易！你们应严格训练自己，不要净妄想，要看自己究竟能做什么，然后全力以赴。

"有始有卒者，其惟圣人乎？"（《论语·子张》）能始终如一，有信德。日语毕业称"卒业"，是传统中国话。我到过日本、德国留学，但无一张毕业证书。

孔子评子产，"惠人也"（《论语·宪问》）。信人、惠人也都不容易，能做到特别难。一般人做事，都先想："于我有什么好处？"

人到临死还想"我"。必要如此认识自己，才有希望。"是我的"其中含无尽的私啊！要名、要利也是私。台湾至今在教育上完全失败，只知道有"我"，就目中无人。

会背《十三经》，完全不会用，也没用。整天不动笔，焉能有成就？今天有信德的人太少了！无信不立。如果不知祸福自何处来，又如何能防患于未然？

许多人净是骗人，就说假不说真，我指出他的缺点，他却说我嫉妒。哼！我二十五岁不到就被称"毓老"。

要自己发展组织，谁组织得多谁就是领袖。组织看能力，要实事求是，贵精不贵多。谁有能力经营谁经营，不要有应付的心理，谁有工夫谁参与。若结合不以义，完全以利，彼此利用，哪有道与义可言？

要保住中国的本色。"新儒"根本是杂种，文中掺外国名词就新？稍有头脑也不如此，真是"新血来潮"！说"讲旧学"，为什么不旧？讲中国学问与原子弹是两回事。读书的方向不能错，要"唯变所适"，能用上了即是今学。"古学"与"今学"的区别要弄清。

字，有本义，有引申义。中国学问最难的是引申义。树立"奉元书院夏学文化中心"，讲书必讲来龙去脉。现在电视讲书的净说些什么玩意儿？我要做才说，空话没有用。一个人如果不懂得人的责任，就不知道为何而活。

如果连在生死边缘的朋友都无情无义，那还谈什么？了解他们的错误，第一要义即是"拨乱反正"。否则，想"认祖归宗"都来不及了！那些人完全是利禄之徒，得不到便宜就分家，完全争利与名，没有良知，利令智昏，因为有机可乘，但是官位太小，不能令其满足。

我们不争名不争利，要争做人。人到老还不说几句人话，那还是人吗？

岸信介（1896—1987）曾做过我的部下，他是在"满洲国"发迹的。

岸信介，1936年任"满洲国工业部"部长，1940年任日本商工省次官，1942年出任东条英机内阁商工大臣。是在二战期间与战后，从未离开日本政治权力中枢的政坛人物。日本前首相安倍晋三为其外孙。

黄信介（1928—1999）则是民进党的前辈，他知道民进党的来龙去脉。

我要回家了！这两年我才明白并没有了解台湾人，今后还闹什么笑话，那就不得而知了！

我们要对历史负责，现在真正讲旧学的已经没有几个人了，今天教书的没有读过书。我们生在什么时候都要实务，懂此，方不虚度此生。有几个人脚踏实地做实务？皆趋虚名务实利也。同学绝对不可以走此路子。一本书未写完，就先估计能卖多少本，此实利也。

说台湾陋，"君子居之，何陋之有？"（《论语·子罕》）就怕没有君子！知道陋，就应补这个陋。必得先自清，才能清天下；先自正了，才能正天下。天下就吃饭最容易，天老爷不饿死瞎家雀。人就为了吃饭而伤品败德，无所不为？卖国的，害了纯老百姓！

一般人难知是非，说大是大非的人未必懂得大是大非。我希望你们好好读书。人活着必活得像个人，此为初步，然后成为君子、贤人、圣人、大人。

知人的最高智慧，"论笃是与，君子者乎？色庄者乎？"（《论语·先进》）看人像个人，还要"停、看、听"，此为知人之要素。做人必"停、看、听"，年轻人头脑要清楚，遇事要冷静，"停、看、听"此三字在人生上特别有玄机。

遇事不明白，停一下、看一看、听一听，先来个深呼吸，就能够判断是非。如果没有深呼吸的工夫，完全盲从，感情用事，怎么能不失败？

他们第一步错，我们不能跟着错下去，才有厚望焉。就怕你们去为人扛大旗。都是老谋深算，可没有小谋深算，是你自欺。凡事留心，再去判断一件事。

同学干什么的都有，我都当作笑话看，不能说也不要深说。走在三岔路口，能不谨慎小心？

《诗》（《卫风·淇澳》）云："瞻（看）彼淇（qí，淇水）澳（水湾之处），菉（lù，通'绿'）竹猗猗（yī，同'漪'，茂盛）。有斐（fěi，有文采）君子，如切如磋，如琢如磨，瑟兮僩（xiàn，威武貌）兮，赫（hè）兮喧（xuān）兮。有斐君子，终不可谖（xuān，忘）兮。"

诗引得好，是引诗人的智慧。

《诗经》前二句为"比"，兴而比；后二句则讲人的修为。"《诗》无达诂，《易》无达占，《春秋》无达辞"（《春秋繁露·精华》），必心领神会。《春秋》曰"况"，《易》曰"象"。

"有斐君子"，斐然成章，文采美盛貌。"有"，发语词。"斐"，来得可是不易，文质彬彬的君子是自"穆穆"而来，要下切、磋、琢、磨的功夫。

"如切如磋，如琢如磨"，切、磋、琢、磨，是治玉石、骨角的程序，比喻循序而进，精益求精。成器，必得经过切、磋、琢、磨的功夫。雕琢完了，还要磨光。

"瑟兮僩兮"，"瑟"，《说文》云："矜庄貌。"严密的样子，"僩"，《说文》云："武皃（威武貌）。"威武勇猛。瑟兮僩兮，喻弹琴的神态。

"赫兮喧兮"，"赫"，二赤，火红色；引申：盛大、隆盛、显赫、王赫斯怒；"喧"，《玉篇》云："大语也。"声大而嘈杂，喧哗、喧嚣。引申：显赫貌。"赫兮喧兮"，喻有威仪貌。

"瑟兮僩兮，赫兮喧兮"，喻弹琴神态，有威仪貌。

琴瑟，上弦必要不松不紧，松紧恰到好处；均等，有一定的距离，形容夫妇必守住中道。知琴理，懂得琴瑟和鸣，必知夫妇之道应相敬如宾。

琴、瑟音量不同，因为结构不一样。男、女都是人，但是不同，有先天的，有后天的，如乾旦坤生，四大名旦梅兰芳、程砚秋、尚小云、荀慧生，都是七尺男儿化装成女子，用假嗓（又称"小嗓"，古称"细口""小口"）演唱，神态举止比女人还美。

琴、瑟两种乐器的音不同，弦是用生丝做的，上面抹上一层胶漆，因为胶的浓度不同，声音乃不同。属于丝竹乐器，钢丝则刺耳。

琴，弦乐也。《说文》云："禁也。神农所作，洞越、练朱五弦，周时加二弦。"《玉篇》云："琴之言，禁也。君子守以自禁也。"《白虎通义·礼乐》曰："琴者，禁也。所以禁止淫邪，正人心也。"瑟，《康熙字典》曰："《说文》庖牺氏所作弦乐也。《徐曰》(古字典)黄帝使素女鼓五十弦琵，黄帝悲，乃分之为二十五弦。今文作瑟。"《说文解字注》云："瑟之言肃也。"肃，庄重严谨。

如切如磋者，道学也。如琢如磨者，自修(修治功夫)也。

"知交之于朋友，亦有切磋琢磨相成之义"(《新论·贵言》)。"切磋"，切磨骨角玉石等程序，喻朋友之间要开刀，互相讨论研究；"道学"，论道讲学，可以讲理论、告诉方法。但是必先研究，学了才能讲学。"琢磨"，琢和磨，制玉石，磨光，精益求精；"自修"，自我修养。

《尔雅》称："骨谓之切，象谓之磋，玉谓之琢，石谓之磨。"切、磋、琢、磨四步功夫，就在切的第一刀。在切之前，必要有完整的设计，得费多少心机。切，如裁衣，裁成的功夫，裁法一样，功夫不同，但大小必合宜适中。

必要有"慎思、明辨"的修养与智慧。经过"切、磋、琢、磨"功夫了，乃能有德。"切、磋、琢、磨"是要"立成器，以为天下利"(《易经·系辞上传》)，利天下。

骆驼，骨头大的可以雕刻。驼峰肉，最好吃。羊，最好吃的部位是羊尾巴，但是台湾羊没有那块肉。熊，好吃是熊掌。

瑟兮侗兮者，恂栗（xún lì）也；赫兮喧兮者，威仪也。有斐君子，终不可谊（忘记）兮者，道盛德至善，民之不能忘也。

琴、瑟的作用在弦上。弦是生丝做的，每根弦的粗细、缓急均不同，音才不同。缓，平音；急，高音。琴弦，上弦时软硬、距离都有一定，要合理、序、法、伦，音乃出。上弦，影响音色，在琴、瑟之间，就显出智慧。"瑟兮侗兮"，引申出严密、武毅的样子。

"瑟兮"，奏乐之前，必须先停几分钟，要调气；"侗兮"，引申为严密，严己身。"恂栗"，不可疏忽、萎靡，一点儿都不敢马虎，谨慎小心。既是严密，又有威仪，一点儿也不萎靡，即"望之俨然，即之也温，听其言也厉"（《论语·子张》），要以此修身。做人也有一定的分寸，修为是最细的功夫。

琴弦不单是分粗、细，做时力量有缓有急。生丝搓在一起，搓时用力不同。做乐器的老师傅，一摸就知好坏。幌子（挂在店门外，以招徕顾客的市招），是给人看，不卖的，昔日做行头（演戏用的衣物或道具），是家族企业。

以前，每年由名角、名流义演，将所得用来救济穷人，让他们冬天得以吃窝窝头。窝窝头，是北方一种粗粝的食物，贫人用来充饥的。演"窝窝头戏"，义卖的票价高。我弹月琴，师母的拿手戏是《三娘教子》。

月琴，是由"阮"演变而来的弹拨乐器。音色清脆，常用于独奏、民间器乐合奏、歌舞、戏曲和说唱音乐伴奏。

《三娘教子》唱功繁重，除《二黄》唱段外，前后尚有《西皮》《反西皮》《南梆子》等唱段。因剧种和流派不同，稍有差异，但主题和结构几乎一致，流传也相当广泛。

修身，也应经过这几个步骤，每一个步骤都不能大意。人生真能精通一件事很难。苏州弹词，坐相规矩，文静典雅。人会说话，不是一个调拉到底，而是有抑扬顿挫，显出家风。

人生都得"瑟兮僩兮"，一点儿也马虎不得，否则终身痛苦。人生至少要有一个幸福的家庭。一根弦如上错了，那弹出来的就不是那个味了！

音乐之美在于协调、和谐。别人跟着，即和，一个"和"字可不得了！两个人的水准不同，能够和？色不长久，外貌美好，为时太短了，变得特别快，而不变的则是内秀，此即真学问。

人生如果不惊天动地，首要即组一美满的家庭。《浮生六记》，沈三白与其妻陈芸，两人的程度要一样才能够美好。结婚对象知识水准绝不能差太远，否则不能谈心，两人难以沟通。

我不大注意骈文，但是外家以"选学"（《昭明文选》之学）传家，我觉得应该学，太师母不愿意教授，乃找舅家补习。知识也得门当户对，否则怎能谈在一块？就是两人谈天，也必要棋逢对手。

谭延闿（1880—1930，长于诗法、书法、枪法，与陈三立、谭复生并称"湖湘三公子"）家是名门，蒋夫人（宋美龄）喜谭三小姐谭祥（1906—1989，嫁给陈诚），另一位是谭淑，擅长颜字，在台师大上课。

谭淑自幼庭训，能书擘窠颜楷，年十八而能略知用笔之法，习书数十年，因受父叔辈之耳濡目染，故能得颜鲁公法乳；间习绘画，工画梅花，亦能俊秀挺拔。谭氏曾谓学书之道，其要有三：其一须具天资，其二须勤于学力，其三须多看历来大家真迹。人天资有颖钝，高下不同，殊难强到，学力则人人得而有之，如能勤习不辍，即使天资稍差，则学力固在。又谓晋唐奇迹，世有希观，宋元法书，亦非易见，至于明清两代大家亦不乏人，即近世诸贤亦多可法者，但贵真迹，庶易领略，石刻摩拓往往损缺欠真，徒存形似而已。习书之道，最要莫过于能得昔人作画之法，庶易收临摹之功，否则徒事抚拟仍难臻其神妙之处。至于用笔之法，则非有所受授不可，昔王羲之以笔法授献之称曰："至好良朋勿轻示之。"其所重要如此。

严家淦（1905—1993）老婆刘琪纯，蒋夫人少和她在一起。"赫兮喧兮者，威仪也"，养威，"君子不重则不威"（《论语·学而》），"礼仪三百，威仪三千"（《中庸》）。相貌太重要了，我看人一眼，即知其人一辈子的前途。

台湾最重要的是接下来的一盘棋，在这个环境下，台湾人永远得输，永远跳不出去。

"有斐君子，终不可谊兮者，道盛德至善，民之不能忘也"，一位有文采的君子，望之而终不可忘兮，是不忘其人之德、俊、才，不是不忘其貌。德日久而弥香，终不可忘兮！才子与俊士有何区别？才子，才德兼备；俊士，才智超群。

经过切、磋、琢、磨四步功夫后，则"道盛德至善，民之不能忘"，使人终生不能忘。君子必须是道盛德至善，所以要好好下功夫，就算是不能成就大业，也绝非废才一个，因为有守有为。

"道盛德至善"，"有朋自远方来"，"德不孤，必有邻"。德得止于一，奉元以养长万物，我们是"道济"，不是慈济。岳麓书院的院训"实事求是"，造就了多少湖南人。

"故君子必诚其意"，意得诚，意淫就是淫。是在行，不在讲。和尚吃素鱼、素鸡就犯戒。犯不犯，其实是意念，并不在吃与不吃。六祖就净吃肉边菜，只想菜没见肉，所以才能肉身不坏。

我就是有一石（dàn）米，也不会给子孙，而是给真正能够接班的，但是太难！太难！许多事应该明白，要知人。现在都来靠拢，绝不是真走我的路线，我岂是不知？知人特别难，所以要练习知人。

老蒋偏爱余纪忠，余留英，王惕吾则没留学。但人知识愈多愈不可靠，可见知人之难！有学问未必有品德，两肋插刀的都是少读书的。怎么悟？你不能听人家的，人家会听你的？准则，即道。如不合于道，完全感情用事，就办不到！

人的生活愈简单愈健康，最重要的是过精神生活。北方吃火锅，必加臭豆腐。我天天吃青菜豆腐，每月例行到台大体检一次。我绝不在路边吃饭，也绝对不边走边吃。我讲吃，也等于吃了，仍有余味！

《诗》(《周颂·烈文》) 云："於戏 (呜呼)！前王不忘。"君子贤 (当动词，敬重) 其贤而亲 (当动词，亲爱) 其亲，小人乐 (当动词，乐在其中) 其乐而利其利，此以没 (殁) 世不忘也。

先王，自家系统的。"前王"，不一定自家系统的王，指古圣先贤。

"贤己贤""亲己亲"，因各人所亲、所贤不同，每个人都有其特色。只要是属于正的，没有所谓对与不对，行行出状元。行行出神，哪一行都有"有遗德在民者"，有各行的祖师庙、祖师爷。

人活一辈子，吃这么多的东西，何以却无一物留给后人？把自己塑造成什么，就在自己本身。真是"少壮不努力，老大徒伤悲"！

"小人乐其乐而利其利"，小人，一般人；"乐己乐""利己利"，故曰"小人怀惠"（《论语·里仁》），就明白利，最好对付。明理就能理事。治国平天下的对象是老百姓，不可以理喻。

治世之难！读书不外乎要对付那些不明理的。如没有能将知识、学问用于生活上，只是书呆子，无用！书呆子教书，也只是教出一帮书呆子。能用，一句话就可以终生受用。

"此以没世不忘也"，就是死了，后代也不忘你的德。在中国，有遗爱在民的，死后封"神"。神字的结构"示申"，一个人身死，但生命仍延续到无穷。如发明家入祖师庙，有国家祀典。

我天天自责，自觉很愚，在台五十年一事无成，但是也用了很多心。我不把失败归罪于任何人。和你在一起，犹有人贪污，证明你没有感化力。有感化力的人，能化民成俗。说陋，"君子居之，何陋之有？"是人，必要做点儿人事。

今天所见所闻，无不令人触目惊心！不道德，到处要破坏别人。王婆扯闲，别人有必要为你保密？你可能因此丢掉多少德，多少朋友！

是非者就是是非人，"括囊，无咎无誉"（《易经·坤卦》），"一言偾事"。是古书，可是智慧一点儿也不古，做事得圆融。

传第四章　释本末

子曰："听（当动词，治也）讼，吾犹人也。必也，使无讼乎！"无情者，不得尽其辞；大畏（敬畏）民志，此谓知本。

"听讼"，听，聆也。凡目所及者曰视，视朝，视事。凡目不能遍而耳所及者曰听，听天下，听事。子路"片言可以折狱"（《论语·颜渊》），此非常人所能。每一个问题，三人看，结论不同，自此可以看出人的程度。

《说文》云："讼，争也。"段玉裁注："公言之也。""讼，不亲也"（《易经·杂卦传》）。听讼，审讯讼事。

《春秋繁露·精华》云："《春秋》之听狱也，必本其事而原其志。志邪者，不待成；首恶者，罪特重；本直者，其论轻。"

"无讼"，乃是大本之所在。无讼，必得无纷争，纷争乃自贪欲来的。《易经·序卦传》"需者，饮食之道也。饮食必有讼，故受之以讼。讼必有众起，故受之以师"，无讼，得无欲、无需，需己之所需。

现在人天天服毒，喝饮料。人因有欲，乃争。如有两个孙子，只有一件的东西都不可以拿出来。

法官之要件："如得其情，则哀矜而勿喜。"（《论语·子张》）一个国家法官多未必好，最重要在"无讼"，而"无讼"的基础就在无欲、无需，不妄需，需己之所需。"听讼，吾犹人也。必也，使无讼乎"，"无讼"比"听讼"高明。

"无情者"，没有真情实意者，尽说假话。"不得尽其辞"，绝不叫他尽放厥词，"人之视己，如见其肺肝然"。

"大畏民志"，特别地敬畏民志，"贵通天下之志"。志，人心之所主，人皆有志，属于良知的境界，谁也骗不了谁。

"知本"，不知本，能够做事吗？"知本"，才是"知"的最高境界。我看你们的面色，就知道犯什么病，望也。听你们说话的声音，闻。然后问、切。

"大畏民志，此谓知本"，要大大地敬畏民之志，才叫"知本"，圣人贵"通天下之志"，贵"除天下之患"。"知本"，才知道天下患之所在，杀恶人就是做善，除天下之患。

要看书，检讨自己，不是背书。是通才，必修一修；是奇才，表现早就不同了。都是木头，两个人做出两个样。自"四书"打下基础，自己就能看一切的古书，唯《大易》与《春秋》除外，必要有师承。

王阳明使用古本《大学》，也讲得通。《学庸》好好下功夫，确实有用。要接着古人讲，与时偕行，唯变所适。

一个人如果守分，就得吃苦；既吃苦，就必要对得起自己所吃的苦。我自懂事以来，中国就任人宰割，所以爱国。你们不知惜福，还净制造事端。

美国卖台的武器，尽是破铜烂铁，且有利于某些人的贪污。何以不揭穿这些政客的丑陋？一刹那间的错误，就整个毁了，能再回复？我是过来人，经验太多了。

每天应致力于己之所当务，至少家庭要过得美满和乐。人要随时表现自己的善念。我希望你们生长智慧，一个人在没办法中有办法才叫作智慧。绝不可以长傲心，要学会用脑，环境一变，要随环境立志。

某人来见我，说书销路不错，送两本书。我越老越"阴险"，对他说："既然销路不错，何不送点儿吃的？"是在告诉他，人要随环境而修，此乃"不教之教"（《吕氏春秋·君守》称"不教之教，无言之诏"）。

做事，要随环境而立志，并不是一成不变的。不只是做事，更要好好学做人。

美国怕中国强，如在这当头还卖国，一旦尘埃落定了，能不报复你？如果没有汉奸，则敌人不得逞；要是没有内鬼，怎能引来外鬼？绝对不可以卖祖求荣。

人就是迷，看多少名杂志而今安在哉？人如果到不知耻了，还谈什么？如不改变，怎么往前走？一个人要好自为之。台北有点儿名气的，无不出自我的门下，我在台北如"螃蟹横行"。

传第五章　释格物致知

此章缺"格物致知"，所以成问题。证明《大学》里有许多阙文。阙文见义，真的不废，假的立不了。

此谓知本，此谓知之至也。

格物致知，物格而后知至，"知之至"，知到最高境界，"知至至之，可与几也"，才可以参与最机要的事。事情没有看明白，不要乱动，要守己。"知至至之"，才可以为今日之所当为，今日当务之急。没有经过我所受过的苦，与受过的打击，天天尽与贼相斗，能这么讲？

有人没有国家民族的观念，就只知道争利害。是中国人，就要爱国。今天美国要扯中国的后腿，帮美国，岂不是畜生？冷眼旁观，可以学很多事。

想一想台湾那个烧木柴、燃煤球的日子，在那个物资匮乏的年代，大姑娘犹打着赤脚，小孩则穿着面粉袋做的裤子。

　　今天在台搞"革命"的都是美国人。我怕你们的子和孙受苦，偶一不慎，也许到第四代才能渐渐淡忘！

传第六章　释诚意

所谓诚其意者，毋自欺也。如恶（wù，当动词）恶（è，当形容词）臭（xiù，气味），如好（hào，当动词）好（hǎo，当形容词）色，此之谓自谦（或作"慊"满足）。故君子必慎其独也。

中国文字，皆在环境中立思，不离实际环境。

"在身曰心，在心曰意"，心猿意马，猿的动作，没有定力；马一奔跑，难以控制。唐三藏取经：孙悟空，心猿；白龙马，意马，龙马负图；猪八戒，悟能；沙僧，悟净。

"意"，立曰心，立日心，一时的立心，如意料之中、意料不到。"念"，今心；"思"，田心。心随物转，故意念常随外物而转，而不能正定。佛讲"戒、定、慧"。

修身，首先要"诚其意"，意，心音，意念。心之微，一动就不行，意淫就是淫。要引申至许多地方。"诚者，物之终始。不诚无物"（《中庸》），意不诚，随物而动，则心不正。"诚其意"，即诚己意，控制好起心动念，不做伪君子。人皆自欺，没能欺人，"人之视己，如见其肺肝然"。

"诚其意"，"其"，就是自己。"所谓诚己意者"，自"毋自欺"开始。能骗人，焉能骗己？都是自欺。如真能欺人，那就不得了，是高手！

胡适（1891—1962）小时候并不叫胡适（原名嗣穈，行名洪骍，字希疆），是懂事了才给自己取胡适（字适之），以显出自己的高招，结果搞了一辈子，"胡适乎"，往哪儿去啊？就埋在山头上了。

他老夫子白忙了一辈子，当然历史上留个空名，是好是坏，那还在两可之间，他自己也不知道，反正死了就完了。所以，他名胡适，字适之。他并不糊涂，缺什么？缺实学；有聪明，无实学，那叫什么？就叫自欺。

"诚意"岂是易事？意马，得抓住这匹野马。意若诚不住，谈不上正心、修身。想诚意，首先要不自欺。不真知，对事没经深入探讨，而敢论事（世）者，妄言妄论，自以为聪明，不过自欺罢了。

不真知，盲目下论断，便是自欺，无法达到诚意。人愈老愈想家，愈有想法，故老年人"戒之在得"。

何以"人不厌其言"？因他"时然后言"（《论语·宪问》），

"当其可之谓时"（《礼记·学记》）。"夫人不言，言必有中"（《论语·先进》），言而当，言中有物，"不失言"（《论语·卫灵公》）。平日里要谨言，"慎言语，节饮食"（《易经·颐卦》）。

从这里入手，这就能够练达你们的器宇，一个有器宇的人，能有自私吗？我常告诉你们，遇了事，先想到你自己，你就不配为"人"。人活着，现在知道为什么活了吗？

"如恶恶臭"，最臭的味大家都讨厌。"如好好色"，好色，并不是专指女人。我们逛街时，见什么都有所爱，这都叫"好色"。

色，有形之色，"形形色色"，自日本语"色色（いろいろ）"较易了悟。因为审美观不同，所好之色人人不同，有高有低，但都是好色。那其他就不必再多谈了！

宇宙的形形色色自何来？自神来，"神也者，妙万物而为言者也"（《易经·说卦传》），妙万物的是神，此与西方"耶和华"的观念不同。

"如恶恶臭，如好好色"，得如何不自欺，"此之谓自谦"。"谦"有二解：一、谦，音 qiàn，对事不满而心生恨。此解不好。二、慊，音 qiè，满足，自我满足，此处之用法。自慊，自知自足，唯自己知，别人难以代替。

"如恶恶臭，如好好色"，闻到不好的气味，人皆避之；看到好的东西，人皆驻足。"此之谓自谦"，这叫作自我满足。

自己做什么自己知道，要慎己所独不知、所独不见，故君子必慎己独也。皆自欺，没能欺人，"人之视己，如见其肺肝然"，所以要"存真"。

人心之坏，真是"人心惟危"，等你知他是坏人，已经是吃了亏！你们的胆绝对比不上我，我净做前锋。

林觉民见"天下人死而死，与不愿离而离者，不可数计"，要去革命，故要"冻情"，他写《与妻诀别书》，如同写祭文：

意映卿卿如晤：

吾今以此书与汝永别矣！吾作此书，泪珠和笔墨齐下，不能竟书而欲搁笔！又恐汝不察吾衷，谓吾忍舍汝而死，谓吾不知汝之不欲吾死也，故遂忍悲为汝言之。

吾至爱汝，即此爱汝一念，使吾勇于就死也。吾自遇汝以来，常愿天下有情人都成眷属；然遍地腥膻，满街狼犬，称心快意，几家能够？语云："仁者老吾老以及人之老，幼吾幼以及人之幼。"吾充吾爱汝之心，助天下人爱其所爱，所以敢先汝而死，不顾汝也。汝体吾此心，于啼泣之余，亦以天下人为念，当亦乐牺牲吾身与汝身之福利，为天下人谋永福也。汝其勿悲！

汝忆否？四五年前某夕，吾尝语曰："与其使我先死也，无宁汝先吾而死。"汝初闻言而怒；后经吾婉解，虽不谓吾言为是，而亦无辞相答。吾之意，盖谓以汝之弱，必不能禁失吾之悲。吾先死，留苦与汝，吾心不忍，故宁请汝先死，吾担悲也。嗟夫！谁知吾卒先汝而死乎！

吾真真不能忘汝也。回忆后街之屋，入门穿廊，过前后厅，又三四折，有小厅，厅旁一室，为吾与汝双栖之所。初婚三四个月，适冬之望日前后，窗外疏梅筛月影，依稀掩映。吾与汝并肩携手，低低切切，何事不语？何情不诉？及今思之，空余泪痕。又回忆六七年前，吾之逃家复归也，汝泣告我："望今后有远行，必以见告，我愿随君行。"吾亦既许汝矣。

前十余日回家，即欲乘便以此行之事语汝；及与汝对，又不能启口。且以汝之有身也，更恐不胜悲，故惟日日呼酒买醉。嗟夫！当时余心之悲，盖不能以寸管形容之。

吾诚愿与汝相守以死。第以今日时势观之，天灾可以死，盗贼可以死，瓜分之日可以死，奸官污吏虐民可以死，吾辈处今日之中国，无时无地不可以死，到那时使吾眼睁睁看汝死，或使汝眼睁睁看我死，吾能之乎？抑汝能之乎？即可不死，而离散不相见，徒使两地眼成穿而骨化石；试问古来几曾见破镜重圆？则较死为尤苦也。将奈之何！今日吾与汝幸双健，天下之人，不当死而死，与不愿离而离者，不可数计；钟情如我辈者，能忍之乎？此吾所以敢率性就死，不顾汝也。

　　吾今死无余憾，国事成不成，自有同志者在。依新已五岁，转眼成人，汝其善抚之，使之肖我。汝腹中之物，吾疑其女也；女必像汝，吾心甚慰。或又是男，则亦教其以父志为志，则我死后，尚有二意洞在也。甚幸！甚幸！

　　吾家日后当甚贫；贫无所苦，清静过日而已。吾今与汝无言矣！吾居九泉之下，遥闻汝哭声，当哭相和也。吾平日不信有鬼，今则又望其真有；今人又言心电感应有道，吾亦望其言是实。则吾之死，吾灵尚依依汝旁也，汝不必以无侣悲！

　　吾爱汝至。汝幸而偶我，又何不幸而生今日之中国！吾幸而得汝，又何不幸而生今日之中国，卒不忍独善其身！嗟夫！纸短情长，所未尽者尚有万千，汝可以模拟得之。吾今不能见汝矣！汝不能舍我，其时时于梦中得我乎！一恸！

　　　　　　　辛亥三月二十六夜四鼓　意洞手书

林觉民有学力，而你们只有学历，没有学力。

　　"故君子必慎其独也"，这"慎独"，绝不是自得谨慎，看看别的大家是怎么"慎独"的。

　　"故君子必慎其独"，以己独为尊，就是告诉我们：你要懂得慎这个"独"，叫这个"独"来当家，上面那些毛病就都没有了。

"在身曰心，在心曰意，在己曰独"，人人皆有独，独一无二。最尊的即己独，佛说："天上天下，唯我独尊。"（《修行本起经·现变品第一》）佛，是独觉者，觉行圆满。说上天下地，我没有比别人有长处，唯有我就知尊我的"独"，能"以独为尊"。

"独"，自尊自贵，独立不倚，《易经·复卦》："中行独复，以从道也。"独行己是，中立不倚，因顺道而行。"独"，独一无二，没有两个。在己曰独，每个人皆有"独"，此"独"乃是最尊贵的，天爵自尊吾自贵。

"独"与"性"的区别何在？"性"，同一类所共有；"独"，自己所独有。"慎独"，不是慎性。慎己之独，独可知也。性知，表现出为独，在己曰独，故说"慎独"，不说慎性。

自"中和"引申，再认识"独"。"致中和"，是一功夫。"独"，乃是喜怒哀乐将发未发之际；"慎独"，即诚己意，慎于意念初起之始，如有人见人成功了，即起妒意。"独"，可好、可坏，独门、独出机杼、独行其道、独步当时；弄不好，即成为独夫、独裁、独学寡闻，故必"慎独"。

"慎独"，慎己所独知与所独不知的事，好、坏必自知，别人不一定知，故舜"好问而好察迩言"，无一不取于人。

一个人要是追到老婆了，就能够治国平天下，因为其中必有多少的假样，不知要用上多少的术。但是结婚以后，往往就原形毕露了！两个人可以生孩子，但未必有爱情。

台湾今天乱伦，乃是最大的悲哀！想多少成就一点儿事，必要有立身之道，与人交往必得有信，朋友以信。

举世不重视道德，你能重视就成功了。"成者，自成也；道者，自道也"。人选择对象时，无不重视道德，要求"全"。如果你是"全"，岂不就站得住了？

为人办事，人家送礼，有条件的接受。如人送重礼，那收了岂不就是"黑金挂钩"？因为能收小的，就能收大的。必要分析清楚，情谊与黑金挂钩不同。

凡事要慎思之、明辨之。在没做之前，就要先想失败，不是先想成功。想失败后有无承受的能力。

我来台，在那么苦的环境，能到山地住六年。但是来台五十年，失败了！你们年轻净做美梦，我年轻时亦如是，算命的无一说我会教书。

"志"与"妄想"不同。年轻人做事，要实事求是，不要空想。说"人生不如意事，十常八九"，但孙中山犹推翻了帝制。

蒋家如果有家庭教育，儿孙也不至于此。

人什么都可以缺，就是不可以缺德，善用心机者绝无一好子孙。人有好的子孙，必有立德之处，所以必自基本做起。

我虽老，但是头脑清楚，所谈绝不是老生常谈。

小人闲居（独居）为不善，无所不至；见君子而后厌然（遮遮掩掩），掩其不善，而著（显）其善。人之视己，如见其肺肝然，则何益矣！此谓诚于中，形于外。故君子必慎其独也。曾子曰："十目所视，十手所指，其严乎！"

这个聪明人，他认为他欺骗了别人，恶而佯善，"见君子而后厌然，掩其不善，而著其善"，但是"人之视己，如见其肺肝然"，"然"，句末语气词，有"……的样子"之意；"则何益矣"，人要表里如一，伪装没有用，必要去伪。

人性相近，但习相远，所以要慎习，更要慎独，否则弄不好即成为独裁、独夫、一人。慎独，就得慎交，因为"近朱者赤，近墨者黑"（晋·傅玄《太子少傅箴》），"墨子悲丝"。

《墨子·所染》曰："子墨子言见染丝者而叹曰：'染于苍则苍，染于黄则黄。所入者变，其色亦变。五入必而已，则为五色矣。故染不可不慎也。'"

"不识其人，则视其友"，交友能影响一个人，尤其要注意小孩所交的朋友。

《孔子家语·六本》载："孔子曰：'吾死之后，则商也日益，赐也日损。'曾子曰：'何谓也？'子曰：'商也好与贤己者处，赐也好说不若己者。不知其子，视其父；不知其人，视其友；不知其君，视其所使；不知其地，视其草木。故曰：与善人居，如入芝兰之室，久而不闻其香，即与之化矣；与不善人居，如入鲍鱼之肆，久而不闻其臭，亦与之化矣。丹之所藏者赤，漆之所藏者黑。是以君子必慎其所与处者焉。"

《荀子·性恶》曰："夫人虽有性质美而心辩知，必将求贤师而事之，择良友而友之。得贤师而事之，则所闻者尧舜禹汤之道也；得良友而友之，则所见者忠信敬让之行也。身日进于仁义而不自知也者，靡使然也。今与不善人处，则所闻者欺诬诈伪也，所见者污漫淫邪贪利之行也，身且加于刑戮而不自知者，靡使然也。《传》曰：'不知其子视其友，不知其君视其左右。'靡而已矣！靡而已矣！"

"诚于中，形于外"，"有诸内，必形诸外"（《孟子·告子下》），如一人内心不够圣洁，就表现不出"望之俨然"的威仪来。

一举、一动、一笑都要有一定的修养。今天的女孩到底美在什么地方？以前中国室内，一半铺地板、一半铺砖，人进来时，走路才有响声，可以显出威仪。

"诚于中"，"喜怒哀乐之未发，谓之中；发而皆中节，谓之和"（《中庸》），此时性情合一了，所以要养性、调性。平时，要用音乐养性。古琴的音色低沉，是养性的乐器，能够陶冶人的性情。

《琴诀》云："琴为之乐，可以观风教，可以摄心魄，可以辨喜怒，可以悦情思，可以静神虑，可以壮胆勇，可以绝尘俗，可以格鬼神，此琴之善者也。"

"德"，古字"𢛳"，十目一心，即五个人的组织。君子领导一个五人小组，十目视之，十手指之！"十目所视，十手所指"，一人做事，五人瞧，挑人毛病的多，这是多么严厉的指责！

想成事，要先学做人。"为人君，止于仁"，敬天爱人、畏民爱民；为人师，则畏学生、爱学生、敬学生，不敢自欺、欺人！

富润屋，德润身；心广体胖（pán），故君子必诚（当动词，审也）其意。

"润"，泽、滋、益。润泽，浸润。

"富润屋"，人之常情，经济能力好，就装修住屋。

"德润身"，有德者精神就不同，以德润身，温润如玉，孟子所谓"其生色也睟（suì，润泽）然，见（现）于面，盎（àng，充盈）于背，施（散布）于四体"（《孟子·尽心上》），则"望之俨然，即之也温，听其言也厉"。

"心广体胖"，"胖"，"盘"的假借字，乐也，安舒貌。"诚于中，形于外"，故心广体胖，体态安舒。不诚意，见可爱就动意念，心猿意马，又如何心广体胖？看人一天的意念，造成多少人的痛苦!

　　"故君子必诚其意","诚",言成,说出的话是可以兑现的。心猿意马,则无不为矣,故必下"诚"的功夫,君子必诚己意。

传第七章　释正心修身

　　所谓修身在正其心者：身有所忿懥（zhì，恨恨发怒），则不得其正；有所恐惧，则不得其正；有所好乐（yào，爱好喜欢），则不得其正；有所忧患，则不得其正。心不在焉，视而不见，听而不闻，食而不知其味。此谓修身在正其心。

　　"修"，如养树，每年必修一次树，否则难以养成栋梁材，会养得乱七八糟。修剪，去掉多而无用部分。昔日学校有"修身课"。

　　每日做事、思想上，都有一些多而无用的部分，细想自己忙了一天，是否无事忙？今天年轻人易犯此一毛病。修，得常修、永修。如小枝不影响大树干时，就不必修了。

"修身，正心"，"在身曰心"，心不正，就跑了。"学问之道无他，求其放心而已矣。"（《孟子·告子上》）"求放心"，如牧羊人追走失的羊，要把心安在自己的腔子里。

身有所忿懥、有所恐惧、有所忧患，则心不得其正，要"惩忿窒欲"（《易经·损卦》），"忿思难"（《论语·季氏》），"不见可欲，使心不乱"（《老子·第三章》）。

因"心不在焉"，心跑了，所以"视而不见，听而不闻，食而不知其味"，你们应有这个经验了。如能正己心，就食而知味了。

此谓修身在正自己的心，自此开始。正心，而后心正。

传第八章　释修身齐家

　　所谓齐其家在修其身者：人之（对于）其所亲爱而辟（同"僻"，偏僻）焉，之其所贱恶（看不起）而辟焉，之其所畏敬而辟焉，之其所哀矜（怜悯）而辟焉，之其所敖（傲慢）惰（不敬）而辟焉。故好而知其恶，恶而知其美者，天下鲜（xiǎn，甚少，很少）矣。

　　"所谓齐其家在修其身者"，齐家以礼，修身以德。缺德，在家失分寸，太太、小孩也不服，家能齐？不齐，天天吵个不休，家能像个家？"威如之吉，反身之谓"（《易经·家人卦》），"反身修德"（《易经·蹇卦》），严己身，修身。

　　人对自己所亲爱、所看不起或讨厌、所害怕或敬重、所哀怜或同情、所骄傲或怠慢的人，都会有所偏僻，而失中正之道，故身、形与之俱僻，此所谓"溺爱不明，贪得无厌"。要时常警惕自己，是否有上述毛病。

"好而知其恶"，喜爱而知其缺点；"恶而知其美"，厌恶而知其优点；"天下鲜矣"，天下少有。可看出人性的弱点，待人处世多少会客观些，不要尽主观，以一己之好恶看天下事。

"不以言举人，不以人废言"（《论语·卫灵公》），不可因一个人高言谠论就重用他，还要明辨之，看是否夸夸其谈。也不可因人废言，不能因为不喜欢一个人，就认为他所说的都不对。现在人讨厌一个人，连个招呼也不打。

故谚有之曰："人莫知其子之恶，莫知其苗之硕（大）。"此谓身不修，不可以齐其家。

"才不才，亦各言其子"（《论语·先进》），儿子是自己的好，人都知别人儿子之恶，而不知自己儿子之恶。人人尽知，就是自己独不知、独不闻。

"莫知其苗之硕"，都认为别人的庄稼好，别人的老婆巧。

"身不修，不可以齐其家"，自己天天打牌，告诉儿女不可打牌，儿女会听你的？想要家好，"君子以言有物而行有恒"（《易经·家人卦》），得先修己身，以言行感，身教重于言教，"身修而后家齐"。

最难的是齐家，天天在一起，能保持威仪？"家人有严君焉，父母之谓也"，"正家而天下定矣"（《易经·家人卦》），不能齐家，焉能治国？必自本身做起，不能净是安慰自己。

在家树威最难，不是叫人怕，而是凡事有分寸，威仪自此生，一切由本身做起，不必天天去管别人。"父子之间不责善"，彼此互相尊重，不要天天对小孩啰唆，身教重于言教。

在动与不动之间，多么不同！自思想、行为、意志健康起。人心理的健全极为重要，必脚踏实地去体悟。修身为本，如多懂一点儿，那做事就少失败！

传第九章　释齐家治国

所谓治国必先齐其家者：其家不可教，而能教人者，无之。故君子不出家而成教于国（有成就了）。

家，篆字"㝉"，宀下面豕，得有一群小猪，才像个家。犹子犹父，住在一起，但不是家。我至少八十年没有家。

儿孙好不必管，全靠德行感。齐家以礼，"齐，平也"，一辈辈齐。"妻者，齐也，平也"，与夫齐、平，夫妇一体，平等。

人最怕的就是礼，否则清官也难以断家务事。就是夫妻之近、之密，也不能尽说儿戏话，否则无信，无信则不立。夫妻之间出问题，多半出自此，没有互信。

想把家弄好，必得"率先垂范"从本身做起，"刑于寡妻"。君子齐家，大家"见贤思齐"了，故"不出家而成教于国"，不离家而有成就了，有家的成就能教于国。故曰"治国必先齐其家。"

中国人祭天，乃是报恩的观念，天民，天生万物以养民，"万物皆备于我"，饮水思源，崇德报恩。天齐庙，"大人者，与天地合其德"，人与天齐，齐天者大。《西游记》孙悟空自封为"齐天大圣"，悟空了，岂能不大？大圣的境界可高于至圣。

碰到不寻常的事，才能懂不寻常的事。就因为一无所知，所见者少，才会如此乱，最多只看过猪公。不但不能怕事，还要找事，才能多了解事。大家都看电视，但就看你心里想知道些什么。

必要前前后后去体悟，才能有所得，不光是记笔记而已。同学当人家的走狗，还自以为有成！

人必要有责任感，我是过来人，年轻时比你们还天真。没事找事，履险如夷。我什么事都干过，但是就没有做过缺德事。

孝者，所以事君也；弟者，所以事长也；慈者，所以使众也。

《礼记》乃是汉儒所编写，已经质变了，有别于《论语》，将"君"置于前，是秦汉以后的思想。

"以孝事君"，汉室以孝治国，提倡"孝悌力田"。《孝经》唯《开宗明义章》为孔子之意，其后各章则为汉儒所写。孔子"志在《春秋》，行在《孝经》"，自《论语》悟孔子如何谈孝。

"入则孝，出则弟"（《论语·学而》），入门行孝道，"孝"范围窄，对父母；出门行弟道，"弟"范围广，凡长于自己的，"十年以长则兄事之"（《礼记·曲礼上》）。

"弟者，所以事长也"，父不在，事兄如事父，亦必养（旧读 yàng，供养）之，这才是同胞手足。

"人人亲其亲，长其长，而天下平"（《孟子·离娄上》）。孝，善事其亲；弟，善事其长。必注意此一"善"字，即最会事奉。

"慈者，所以使众也"，《说文》云："慈，爱也。"父母之爱子。"为人父，止于慈"，民之父母，爱民如子，"爱人者人恒爱之"（《孟子·离娄下》），所以可以使众。此乃为政之要。"反慈为忍"（《新书·道术》），不慈，人不会受感动，则积怨在民。

以前人对父母必"晨昏定省，冬温夏清"，极为苦。孝道，就看从哪个方法看，"至于犬马，皆能有养，不敬，何以别乎？"（《论语·为政》）皆在一念之转。有所感慨，"子欲养而亲不待"（《韩诗外传·卷九》），"祭之丰，不如养之薄"（欧阳修《泷冈阡表》："祭而丰，不如养之薄也"），后悔来不及了！

忠臣必出孝子之门，尽己之谓忠，善事亲为孝。如对亲不能孝，那对国家也不会忠。对亲都不马虎，做事能钻尖取巧？来台就几个搞经济的不错，尹仲容（1903—1963）事母至孝。台湾何以成就少？就因为缺孝德。孝为德之本。

儿女回家看父母，老太太说："我没想到需要什么！你们教育好小孩就好，不要孩子回来吵人！"可知现在的教育完全不上轨道，所以小孩难以成形。

找对象，必要懂得彼此怎么建设自己。娶大学生多半败家，能够负起家庭的责任？到一个家，即知道其家庭主妇的教育程度。这是毓氏定理。

做儿女的对得起父母的太少了，因为都不了解父母的心意。如了解父母，那你的成就不止于大舜，他的母亲还是继母。"五十而慕者，予于大舜见之矣"（《孟子·万章上》），大舜五十犹慕父母，大孝尊亲。

我除了上馆子以外，绝不在路边摊吃，生活有一定的规律。

今天小孩什么事也不懂，就只知道要考一百分。人必得先安排好自己，如果连基本的问题都没能解决，那大问题又如何能解决？

"内其国而外诸夏"，是初步，由内而外。卫公子荆善居室："始有，曰：'苟合矣。'少有，曰：'苟完矣。'富有，曰：'苟美矣。'"（《论语·子路》）多会过生活！居家生活什么都慢慢有，此乃人生三部曲。

家关系人一生的幸福，过理智生活，能按部就班，所以择偶要慎重。找对象，有伪的绝对不可以要，这个敏感是与生俱来的。谈恋爱时就要想到未来，是为自己的未来，别人喜欢与否不重要，我要自己的标准，只要我自己喜欢就好。

小孩学正经事很费劲，许多事都是自日积月累来的，小时如没有教好，长大成人定形了，虽有贤者亦莫如之何！所以，自开始即"格致诚正"，要养正，"蒙以养正"；然后帅之以正，"子帅以正，孰敢不正？"

今人未婚生子，将孩子从五楼摔下，这还是人的社会？还是护校生！看人性已经堕落到什么程度了！要了解实际人生。

看看母鸡是如何孵小鸡的？母鸡用翅膀和身体盖住蛋，隔一段时间就要把蛋翻一遍；每天要翻几遍。母鸡孵蛋时，要整天蹲窝，细心，无微不至。连动物都有亲情之爱，何以人却不如动物？

《康诰》曰："如保赤子。"（若保赤子，惟其民康乂）心诚求之，虽不中，不远矣。未有学养子而后嫁者也。

"如保赤子"，孩子初生，还没有穿衣服时，就是"赤子"，无私、无欲，但是那个时间很短。懂得"我"了，就失去了赤心。所以要常保"赤子之心"。

"大人者，与天地合其德"，天地无私，尚公。"大人者，不失其赤子之心者也"（《孟子·离娄下》），"不失其赤子之心"，爱民"如保赤子"，此为政之道也。如同对儿女都没有分别心，就能使众。

无论任何东西，不能全部给小孩吃，自己即使不喜欢也得切下一块，要保留吃的资格；否则你全给，小孩习以为常了，还以为你连吃的资格都没有。你如吃一点，他心中便不舒服。此即"识微"，以此例可以衡量天下事。

"心诚求之，虽不中，不远矣"，此乃与生俱有的，只要心诚，慢慢试着做，虽不能中的，但离目标也不远了。

"未有学养子而后嫁者也"，没有人先学会养小孩，再出嫁的，不必学，一切都是与生俱来的本能。中国人的智慧，完全是从经验中得来的，要一步一步地累积经验。做不怕错，慢慢修正，"过而能改，善莫大焉"，从做中学，累积经验。

小孩生下来，就会吃奶；妈妈自会把奶头放在小孩的嘴中；小孩吃不到时，用头一撞，乳就出来。没有做过，慢慢来，总给人无限的盼望！本着良知去做，天性，人性。

年轻遇事，必要考虑深远，不要想得太窄！人无千日好，能相处好可不易。感情好，不是一天而已，"晏平仲善与人交，久而敬之"（《论语·公冶长》）。

"不识其人，则视其友"，不孝之人，不与之为友。一个连生身父母都不重视的人，又能够重视谁？

一家仁，一国兴仁；一家让，一国兴让；一人贪戾（如，贪婪暴戾），一国作乱。其机如此。此谓一言偾（fèn，败也）事，一人定国。

"上有好者，下必有甚焉者矣"（《孟子·滕文公上》），上好下甚，投其所好。"君子之德，风；小人之德，草。草上之风，必偃（《论语·颜渊》）。"

"一家仁，一国兴仁；一家让，一国兴让"，家：一、大夫之家，二、天子之家。仁，二人相偶，有对方存在，爱人而无不爱；让，就无争，"能以礼让为国乎，何有"（《论语·里仁》）？何难之有？没有难处。

"一人贪戾，一国作乱"，贪，为达目的不择手段，则"上下交征利而国危矣"（《孟子·梁惠王上》）！"戾"，暴戾，凶狠。"其为人也孝弟，而好犯上者，鲜矣；不好犯上，而好作乱者，未之有也"（《论语·学而》）。

"其机如此"，"机"，几微之处，关键之所在。

要常问自己："此何时也？"如不知时，又如何能抓住机？得识时、知机，圣人不能生时，时至而不失之。

"一言偾事"，一言可以败事。"言行，君子之枢机；枢机之发，荣辱之主也"（《易经·系辞上传》）。"一语伤人三寒冬"，人之荣辱，必随时注意。

"一人定国"，一人可以定国。定于一，"不嗜杀人者能一之"（《孟子·梁惠王上》）。

一人能系天下之安危，杀恶人即是做善，有时亦必用杀，政治是讲实事，靠宣传不行。

殷后因不服周的统治，周公乃将其放于墟，称"殷墟"；还不服，乃"东征"平叛，正法武庚、管叔，流放蔡叔，废霍叔为庶人，并将国家势力扩展至东海，而天下不以周公为暴戾。

贵乎立德，不在于立术，"天下有德者居之"，净耍花招无用。

尧舜帅天下以仁，而民从之；桀纣帅天下以暴，而民从之。其所令反其所好，而民不从。是故君子有诸（之于，语词）己，而后求诸人；无诸己，而后非诸人。所藏（蓄）乎身不恕，而能喻（明白）诸（助词）人者，未之有也。故治国在齐其家。

以尧舜、桀纣为例，见仁暴之施，上好下甚。

为政以德，齐家以礼，治国以法，有政绩了，便叫"政德"。

"其所令反己所好，而民不从"，为政，必要以身作则，率先垂范，言行一致。"政者，正也"，必先正己，自正而后正人，"子帅以正，孰敢不正？"

"有诸己，而后求诸人；无诸己，而后非诸人"，将心比心，推己及人。"子贡方（谤）人。子曰：'赐也，贤乎哉？夫我则不暇。'"（《论语·宪问》）先把自己修得够标准，不必多管闲事。

"藏乎身"，"君子藏器于身，待时而动"（《易经·系辞下传》)。在身曰心。"恕"，如心，如己心，推己及人。自己有善行了，再要求别人也有。"有诸己，而后求诸人。"

"所藏乎身不恕，而能喻诸人者，未之有也"，如果没有做此事的经验，而管理此事，能叫别人明白吗？己立立人，己达达人，"故治国在齐其家"。

《诗》(《周南·桃夭》) 云："桃之夭夭 (形容桃花鲜艳)，其叶蓁蓁 (zhēn，形容桃叶茂盛)。之子 (这个女子) 于归 (出嫁)，宜其家人。"宜其家人，而后可以教国人 (母仪天下)。

《诗》(《小雅·蓼萧》) 云："宜兄宜弟。"宜兄宜弟，而后可以教国人。

《诗》(《曹风·鸤鸠》) 云："其仪 (做人的法则) 不忒 (tè，差错)，正 (匡正) 是 (此，肯定词) 四国 (四方之国)。"

三引《诗经》，重以申之，有深意。

在家修得德夭夭 (喻盛德) 了，家庭教育好就能无忝所生。

"之子于归"，这个女子出嫁；"宜其家人"，由室而家，宜室宜家。

"其仪不忒，正是四国"，"四国"，天下象也，此所谓"治国在齐其家"。

有成就者，家教必定不错，一切有伦有序。

我小时候到日本，看日本人吃饭必有定量，碗小，八分满，一碗即毕。吃饭前不许说话，运气功，使身心把持住，心平气和后再吃饭。民族教育极重要。现在教育，从小即毛毛躁躁，长大、老了仍毛毛躁躁。

其为父子、兄弟足法（式），而后民法之也。

此谓治国在齐其家。

"为父子、兄弟足法"，"父"，家长，家庭的领导人，言父兼言母。"子"，孳，父母生命所孳生，言子兼言女。"兄弟"，兼言姐妹。

宜室宜家，室一家一国。以前一家百余口。治国在齐其家，齐家治国，"刑于寡妻，至于兄弟，以御于家邦"（《诗经·大雅·思齐》）。

家必要树立一制度，树立家风，家中每人相敬如宾，以身作则，不影响感情。

治家以严，严己身，众目所视，对谁也不特殊，树家风，立家规，无戏言以立信，即没有伸缩可言，不可以朝令夕改。家中人一视同仁，家务事有个规矩，一切井然有序，家中每个人能上轨道，家家能如此，此谓"治国在齐其家"。

传第十章　释治国平天下

所谓平天下在治其国者：上老（当动词，孝养）老（名词，老者）而民兴孝，上长（当动词，敬重）长（长长，敬重长上）而民兴弟，上恤（体恤）孤（幼而无父者）而民不倍（通"背"，背弃），是以君子有絜（度量）矩之道。

平天下，霸道，据乱世；天下平，王道，太平世。平天下而天下平，终极目的在"为万世开太平"。

想要平天下，在治己国，即《春秋》所谓"内其国而外诸夏"，先治己国，由内而外，自近及远。平天下，天下平。三夏：夏、诸夏、华夏。三世：据乱世、升平世、太平世。

"上老老"，在上位的"老吾老以及人之老"（《孟子·梁惠王上》）；"民兴孝"，百姓见贤思齐，无不重孝。"长长"，长其长;"民兴弟",敬长,社会悌道行。"恤孤","幼吾幼以及人之幼"(《孟子·梁惠王上》)。

"民不倍",幼者得到照顾,社会不轻言离弃,上好下甚,风行草偃,孝、悌、慈,乃蔚为社会风气,"风俗之厚薄奚自乎?自乎一二人之心之所向而已"(曾国藩《原才》)。教化行,风俗善。

"絜":一、音 jié,郑玄注:"絜,犹结也,挈也;矩,法也。君子有挈法之道,谓当执而行之,动作不失之。"絜己,洁己。二、音 xié,《朱熹集注》:"絜,度也。矩,所以为方也……君子必当因其所同,推以度物,使彼我之间,各得分愿,则上下四方,均齐方正,而天下平矣。"三、音 yì,度量也。《庄子·人间世》曰:"见栎社树,其大蔽牛,絜之百围。"

"矩",画方之具,《荀子》所谓"五寸之矩,尽天下之方也"(《荀子·不苟》)。"絜矩","圣人者,以己度者也。故以人度人,以情度情,以类度类,以说度功,以道观尽。古今一度也,类不悖,虽久同理。"(《荀子·非相》)

"絜矩之道":一、子帅以正,孰敢不正?二、己所不欲,勿施于人。三、己欲立而立人,己欲达而达人,故能推己及人。絜矩之道,即推己度人之道。

见贤思齐,"己所不欲,勿施于人",小孩也懂。向兄长看齐,懂互相礼让。人性是善,但是也有不善,要长善救失。

"不以规矩，不能成方员""规矩，方员之至也"(《孟子·离娄上》)。一寸之矩，能度尽天下之方，"子帅以正，孰敢不正"，父母规矩，孩子就规矩。不必教，有样学样，就在潜移默化中，身教重于言教，此即"絜矩之道"。懂了，才用得上。

所恶（wù，后皆同）于上，毋以使下；所恶于下，毋以事上；所恶于前，毋以先（当动词，前进）后（先后，当后而先之）；所恶于后，毋以从（当动词，就）前；所恶于右，毋以交于左；所恶于左，毋以交于右。此之谓絜矩之道。

此为原则：己所不欲，勿施于人。恕，如心，如己心，推己及人。审度事理，推此及彼。善推，举一反三。

"所恶于右，毋以交于左；所恶于左，毋以交于右"，不要多话，左手办的事，不叫右手知道。我常强调，你做的事绝不叫与此事无关者知道。

不知怎么用，就不知自己错。真领悟一句话，就能成功，贵精不贵多。一部《易经》，初步就讲"进德修业"；进而"智周道济，裁成辅相"。没有纷争，相辅相成，智周道济，天下一家。

张载四句："为天地立心，为生民立命，为往圣继绝学，为万世开太平。"是公产，每个人皆可用，但是各人的领悟与解释不同。有时说者自己也不知其所以。智慧之产物，不是有一定的标准，只要有智慧都可以立说。

我在台北唬不读书的人，台北有几人读书了？不是会说、会写就有真学问。

《诗》(《小雅·南山有台》)云："乐只（是）君子，民之父母。"民之所好好之，民之所恶恶之，此之谓民之父母。

"只"字，很重要的一字，《经典释文》以"只"犹"是"。

"乐只君子"，"乐"，心悦诚服，对这个君子心悦诚服，因其为"民之父母"，视民如子。

"民之所好好之，民之所恶恶之"，"所欲，与之聚之；所恶，勿施尔"(《孟子·离娄上》)，顺民而为，即"为无为"(《老子·第六十三章》)、顺自然。为政不在多方，"多方"是你的主见，百姓未必喜欢、未必会听。官之所好，民之所恶，不合乃起冲突，互相对立。以己之所好，要民好之；所好不同，乃结党营私，为达一己目的，但是非即由此来。

"民之父母"，如民之父母般慈祥，爱民如子。好的领导人，好民之所好、恶民之所恶，要通民心知民情，才能除天下之所患。

圣人贵通天下之志，贵除天下之患。"为人君，止于仁"，仁就是生，"君子体仁，足以长人"(《易经·乾卦·文言》)，政治是生民之政，此为中国"仁"的思想。

《诗》(《小雅·节南山》)云："节（高峻貌）彼南山，维石岩岩（岩石峻峭）。赫赫（威严貌）师尹（周太师尹氏），民具尔瞻（瞻仰）。"有国者不可以不（不可以不，勉辞）慎（慎独），辟（僻，偏也）则为天下僇（戮）矣！

"节彼南山，维石岩岩"，成德了，有威仪貌。《诗》前两句为比，亦即况、象。

"赫赫师尹，民具尔瞻"，观（guàn）民也，"作之君，作之师"（《尚书·周书·泰誓上》），"克配上帝"（《诗经·大雅·文王》），是为配上帝，即配天，与天地合其德，尚公无私。君者，群之首也，领袖群伦；师者，万世师表，"圣人，百世之师也"（《孟子·尽心下》）。作君、作师是配天，岂是容易？

"有国者不可以不慎"，有国者，不可不自勉，要慎独、慎微；"辟则为天下僇矣"，否则行为一偏僻，离开正路，就被天下人所诛灭了。这在历代多所印证，都逃不出这一律则。

所以要懂得道理了，再去领导群众，故曰："因民之所利而利之，斯不亦惠而不费乎？"（《论语·尧曰》）。

今人往往好话说绝，坏事也做绝。读书在改变器质，养成有威仪，修德则"望之俨然，即之也温"。台湾的宗教已成为一劫！"盗德"、伪人，人一有私心就完了！天天"讲道德，说仁义"，净伪装，骗人，行为完全男盗女娼，哪有一个好人？

应脚踏实地力行，会讲没有用，知识分子应是时代的先锋。不出家，一样成佛。出家人得有出家人的威仪。

"正其衣冠，尊其瞻视，俨然人望而畏之，斯不亦威而不猛乎"（《论语·尧曰》），"正衣冠"，即穿着要与自己的身份相称，如大学生穿着要像大学生，不能像坐柜台的小妹。

弘一（李叔同，1880—1942）出家后学律宗，最苦，床板不能铺褥子，衣服二件，只吃眼前一盘菜，死时什么都没有。他总写佛经，画佛像，供养。

弘一写的《金刚经》特别美。我找不到他写的《心经》，有一天散步时，在卖破烂的地方用五十元买到。"心诚求之，虽不中，亦不远矣"，真有感应！许多事是你想不到的。

丰子恺（1898—1975）的"护生画"，有趣！

《护生画集》是近代佛教艺术的珍品，全套六集，以戒杀、护生、善行为三大题材。由丰子恺作画，文字部分由弘一法师（第一、二集）、叶恭绰（第三集）、朱幼兰（第四、六集）、虞愚（第五集）书写，前后相继创作的过程长达四十六年。在第六集序言中，广洽法师对"护生画"做了一个总结："盖所谓护生者，即护心也，亦即维护人生之趋向和平安宁之大道，纠正其偏向于恶性之发展及暴力恣意之纵横也……虽曰爝火微光，然亦足以照千年之暗室，呼声绵邈，冀可唤回人类苏醒之觉性。"

今天有德者，皆有"盗德"，不是真有德。我为了解慈济，到慈济医院住院十天，也做笔记；我要出院了，他们才知，认为我很阴险。什么事不要流于形迹，有许多人只是伪爱，在证严面前都装得像个菩萨。人多，当然不能每人都有证严般的修行，但是绝不贪污。

我看完了，都写条陈供参考，因为基于读书人的良知。但佛像不送了！那尊佛像，是我八十岁时师母托人送过来的。但也是那年，师母就走了。

台湾最缺穷人能去的庙。许多事绝不能忘掉"清"字。完全用钱衡量一个人：坐、请坐、请上坐。打禅七，应可以自己带干面包去，不必吃庙里的。

禅七，源于佛陀在菩提树下，七日证道。佛陀在菩提树下自誓：若不成道，誓不离金刚宝座。实为七日成佛的滥觞。

许多事皆因一个"贪"字而弄垮了！出家人比世俗人还贪，因此我写《恶僧传》。

我遇事，想完了，再查书印证。现在台湾是学事的千载难逢之机，要看《六韬》《孙子》《素书》，才能够深入。

金庸小说是写给疯子看的，什么苦都没吃过，净是看热闹，没有实际。鲁迅的《阿Q正传》《孔乙己》，我没有那个环境体悟。真体验过了，描写才能动容。我常骂人，人骂我又有何奇怪？重要是看动机。我骂人，是公心，为显真理。

中国革命成功，黄兴（1874—1916）有德。在同盟会成立会上，黄兴公推孙中山为总理，他自己的干部多，乃不告而别。孙总理革命失败了，黄马上自国外回来共患难。智慧、人品的高低，不怕不识货，就怕货比货。

如果你们连同窗都不能通德、通志，那还谈什么？太愚了！唯有愚的人才自私。最近事件，我真替你们感到悲哀。同学如有十个、二十个真正好，那就有作用。

我不信台湾无一直人。直心就是道场，直心就是火种，人之生也直。我要发你们的深省，这是你们的责任，你们的子子孙孙皆在此生存。

创"奉元书院兴业基金会"，必要合德，才能成就事业。要求真知，不自欺，求真，非不能也，是不为也！台湾人做事，往往半途而废，哪有结果？

《诗》（《大雅·文王》）云："殷之未丧师（众），克（能）配上帝。仪（一、宜；二、威仪）监（鉴）于殷，峻（大）命不易。"道（言）得众，则得国；失众，则失国。

"殷之未丧师"，殷还没有失掉民心；《孟子·公孙丑上》称："武丁朝诸侯有天下，犹运之掌也。纣之去武丁未久也，其故家遗俗，流风善政，犹有存者。"

"克配上帝"，"帝"，主宰义，德能与上帝相配，配天。木主（牌位）："昊天上帝俾作神主，太祖高皇帝配神作主"。

"仪监于殷"，以殷的威仪作为借鉴，"君子上达"（《论语·宪问》），有修为；"峻命不易"，天命永不变，不常在一家，不德就失位。法天，则天，天道尚公，天无私覆，"生而不有，为而不恃"。

"得众，则得国；失众，则失国"，不德，就失众，不得民心，"民可载舟，亦可覆舟"。"虽曰天命，岂非人事哉！"（欧阳修《五代史·伶官传序》）创业维艰，但守成亦不易。

是故君子（国家领导人）先慎乎德（善行）。有德此有人（人皆归之），有人此有土，有土此有财，有财此有用（国家用度）。德者，本也；财者，末也。

"先慎乎德"，德，善行；有成就了，立德。必修德，以自求多福。不要净是盗德，要真有德。

"有德此有人"，真有善行，人皆归之，近悦远来。

"有人此有土，有土此有财，有财此有用"，土地若是无人开荒，就等于没用；若得到开发，就有财用，财用能生民。

中国人有吃苦的德，可以帮助非洲开发，教他们技术，可以谋生"智周道济，天下一家"。

"德者，本也；财者，末也"，德本财末，要贵德贱货。

台湾苗栗县的三十甲地，七八甲种荔枝，我每年只拿二百斤，分给同学。

外本内末，争民施夺。是故财聚则民散，财散则民聚。

"外本内末"，此"外""内"是动词，将德作外，将财作内，本末倒置；"争民施夺"，与民争利，尽巧取豪夺。轻本轻德，既争又夺。

国家领导人"先慎乎德"，慎己之德，"为政以德"，是生民之政。

"财聚则民散"，净养聚敛之臣，则民心离散。"君子不以其所以养人者害人"（《孟子·梁惠王下》），以天下养人，不以养人者害人，天下钱为天下用，不是让你私用的。

善用财，"财散则民聚"，"因民之所利而利之，斯不亦惠而不费乎"？为民谋福利，把国家经费运用得当，上下不贪污，百姓就受惠。真会做事，能把国家的钱运用得当，用所当用，发挥作用了。

"善财童子"，"善"，散的谐音，散财是"惠而不费"。

善财童子为《华严经·入法界品》之主人公，是修菩萨道行者的光辉榜样，他发起"阿耨多罗三藐三菩提"心后，从文殊菩萨处渐次南行，经参访五十三位善知识，最后修行圆满、证入法界。

是故言悖（逆）而出者，亦悖而入；货（财）悖而入者，亦悖而出。

"言悖而出者，亦悖而入"，你骂人，人亦骂你，一比一，一定的。

"货悖而入者，亦悖而出"，不是好的来，也会不好的去。给子孙钱，就如同拿热水浇花。

《康诰》曰："惟命（天命）不于（在）常。"道（言）善，则得之；不善，则失之矣。

"惟命不于常"，"天命靡常"（《诗经·大雅·文王》），"惟德是辅"（《尚书·周书·蔡仲之命》）。天命不常在一家，此所以有《廿六史》。

善，则得天命；不善，则失天命。

《楚书》（楚国古书）曰："楚国无以为宝，惟善以为宝。"舅犯曰："亡人（出亡在外者）无以为宝，仁亲（以仁亲人）以为宝。"

"惟善以为宝"，什么都不为宝，唯有善为宝，因为"积善之家，必有余庆；积不善之家，必有余殃"。

舅犯，狐偃，字子犯，晋国重臣狐突之子，晋文公重耳的母舅，故又称舅犯。

"亡人无以为宝，仁亲以为宝"，舅犯真是会说话，做外交官必自此入手。

晋文公，春秋五霸之一，开创了晋国长达一个多世纪的中原霸权，为后来的三晋（赵、魏、韩）位列战国七雄奠定了基础。公元前 656 年，重耳之兄申生被骊姬害死，重耳亦遭迫害，十七岁时因乱出奔，在外流亡达十九年。《礼记·檀公下》载：晋献公之丧，秦穆公使人吊公子重耳，且曰："寡人闻之：亡国恒于斯，得国恒于斯。虽吾子俨然在忧服之中，丧亦不可久也，时亦不可失也。孺子其图之。"以告舅犯，舅犯曰："孺子其辞焉；丧人无宝，仁亲以为宝。父死之谓何？又因以为利，而天下其孰能说之？孺子其辞焉。"

"孝弟也者，其为仁之本与""入则孝，出则弟，谨而信，泛爱众，而亲仁"（《论语·学而》）。自己不明白，就要求真明白的，"就有道而正焉"（《论语·学而》）。

不单单是亲仁，还得仁亲。亲仁，仁亲，所以亡人以"仁亲"为宝。"仁亲以为宝"，权势不可靠，唯有以仁德亲人才是宝。

《秦誓》曰："若有一个（《尚书》作介，个为介之别体字）臣，断断（诚实专一貌）兮（词之舒），无他技，其心休休（宽容）焉，其如有容焉。人之有技（技能），若己有之；人之彦（美士有文）圣，其心好之，不啻（chì，不但）若自（从）其口出，实（是）能容之。以能保我子孙黎民（众民），尚（且）亦有利哉！人之有技，媢（mào）疾（嫉妒）以恶之；人之彦圣，而违（离弃）之俾（使）不通；寔（实）不能容。以不能保我子孙黎民，亦曰殆（危殆）哉！"

《秦誓》是《尚书·周书》最后一篇，孔子删《书》有深意。秦穆公伐郑，晋襄公率师败诸崤，晋舍三帅，还归秦，穆公悔过，作《秦誓》。

秦穆公贪郑取败，悔而自誓，曰："邦之杌陧（wù niè），曰由一人；邦之荣怀，亦尚一人之庆。"发人之深省！

周襄王二十四年（前628），郑文公、晋文公相继逝世。秦穆公想远袭郑国，但从秦都到郑都，中间需经过桃林、殽函等险要地区。因此蹇叔谏道："千里以袭人，郑必知之，我军劳而力竭，欲攻敌人之有备，实无成功之望。"秦穆公不听劝阻，以孟明视（名相百里奚之子）、西乞术和白乙丙三人为将，精锐尽出，志在必得。晋国得知秦军出兵袭郑消息，晋襄公决心打击秦国，派遣卿大夫先轸率军秘密赶至崤山，控制崤山北麓险要路段，并联合姜戎埋伏在隘道两侧，布成一个庞大的陷阱，以待秦军。

周襄王二十五年（前627）春，秦军通过崤山隘道，越过晋军南境，抵达滑国（今河南偃师东南），正好与郑国贩牛商人弦高相遇。弦高为人机警，断定秦军此行必定是前往偷袭郑国，于是牵了十二头牛，假托其乃奉郑君之命，特地前来犒师。同时，遣使遽告于郑。秦军将领孟明视以为郑国早有防备，不敢再进，于是灭滑而回。

回程中，秦军再次行经崤山。由于疏于戒备，秦军对晋军的埋伏全然不知，而晋国军队以逸待劳，俟秦兵全部进入伏击地域，立即封锁峡谷，发起猛攻。这段道路崎岖狭窄，秦国大军陷于隘道之中，进退不能，前后不能相应，惊恐大乱之中，全军被歼灭。

"若有一个臣，断断兮无他技"，诚实专一，忠于职守，虽无特殊技能，但"其心休休焉，其如有容焉"，其人乐善，心胸宽大，有容有量；能含容贤者逆耳之言；"人之有技，若己有之"，别人有技能，如己有之；"人之彦圣，其心好之"，人之美圣可以媲美圣人，真心好之；"不啻若自其口出，实能容之"，不止口中赞美，是真能容人；"以能保我子孙黎民，尚亦有利哉"，能保我子孙众民，尚且于国家天下有利。

能养量，培器识，不嫉妒，所交往的都比自己强，能保子孙后世，有利于国家天下；能用这种人，就能为你解劳，当然就可以高枕无忧了。

天下何以如此乱？因为不但不容人，而且只要别人好，就认为是自己的障碍，即合力对付之，甚至除之而后快，如此，岂不危殆哉！还能保子孙，有利于国家？

历代皇帝净叫别人糊涂，但辟雍（古时贵族子弟学习处）则讲帝王之学，要统治别人。孔子不然，讲学民间，有教无类，全民教育，普及知识。

圣严"心五四"二十句，老太太怎么记得了，多障。

"四安"提升人品的主张：安心——在于少欲知足；安身——在于勤劳俭朴；安家——在于敬爱互助；安业——在于服务奉献。"四它"解除困境的主张：面对它——正视困境的存在；接受它——接受困境的事实；处理它——以悲智处理困境；放下它——处理后心无牵挂。"四要"安定人心的主张：需要的不多；想要的太多；能要、该要的才要；不能要、不该要的绝对不要。"四感"与人相处的主张：感恩——使我们成长的因缘；感谢——给我们历练的机会；感化——用佛法转变自己；感动——用行为影响他人。"四福"增进福祉的主张：知福——是最大的幸福；惜福——是最好的储蓄；培福——时时都有福；种福——人人都享福。（参见圣严法师《心五四运动的时代意义》）

我用"孝、慈、义"，人都一样，不可离也。口号愈简单，愈发挥作用。

人没有特殊的，要考虑好再结婚；倒霉了，就信佛，说是因果。

唯仁人，放流之，迸（摒弃）诸（之于）四夷，不与（许）同中国。此谓唯仁人，为能爱人（喜爱好人），能恶人（讨厌恶人）。

"唯仁人，放流之，迸诸四夷"，舜流放四凶，遏恶扬善，并不乡愿。

《尚书·舜典》云："流共工于幽州，放驩兜于崇山，窜三苗于三危，殛鲧于羽山，四罪而天下咸服。"

《孟子·万章上》称："舜流共工于幽州，放驩兜于崇山，杀三苗于三危，殛鲧于羽山，四罪而天下咸服，诛不仁也。"

"此谓唯仁人，为能爱人，能恶人"，"宁可一家哭，不叫一路哭"（范仲淹语："一家哭，何如一路哭耶"），杀恶人，便是行善，不使恶再传播。

所谓"夷狄""中国"，是以文化分，不是以民族分。"中国者，礼义之国也"（《春秋公羊传·隐公七年》何休注），"入中国则中国之"，夷狄有礼义了，成礼义之人，则"中国之"。

夷狄不知礼义，"不与同中国"，"与"，许也，行为没有"礼义"，不许其等同礼义之国，"夷狄之"。《春秋》"不与夷狄之执中国"，何休曰："执者，治文也。君子不使无礼义制治有礼义。"（《春秋公羊传·隐公七年》何休注）以有礼义制治无礼义，正之以礼义，知所节制，合情合理，一切决之以礼义。

《春秋繁露·竹林》云："《春秋》之常辞也，不予夷狄而予中国为礼。"又曰："《春秋》无通辞，从变而移。今晋变而为夷狄，楚变而为君子，故移其辞以从其事。"

《春秋》之号"夷狄"，谓其政俗与其行事，没有入于礼义。《春秋》之义，夷狄进于中国则中国之；中国有夷狄之行，"中国亦新夷狄也"（《春秋公羊传·昭公二十三年》），则夷狄之。是文化观，不是种族观。

太平世，"夷狄进至于爵，天下远近小大若一"，人人皆有士君子之行，行为都合乎礼义，大一统，大同。

大同，第一件事必得处理民族问题。"同人，亲也"（《易经·杂卦传》），相处愉快，"中国，礼义之国"，只要有礼义，达到"中"的境界，即"同中国"，人人皆有士君子之行，远近大小若一，大同。

见贤而不能举（用），举而不能先（俞樾注："先"盖"近"字之误），命（程子注："命"当作"怠"，字之误）也；见不善而不能退（退除），退而不能远（yuàn，动词，远离），过也。

见贤不能用，用而不能近，怠也。见不善而不能退除，退而不能远离，过也。

培养人才为要，成事在人，用人唯才。成就事业，要以造就接班人为第一要义。

好（hào，后同）人之所恶（wù，后同），恶人之所好，是谓拂（违背）人之性，灾必逮（及）夫身。

"拂人之性"，违背人性。"好人之所恶，恶人之所好"，反常的人必有灾难！

《春秋》讲灾异，乃是指违背常情、常规，如乱伦之事。

是故君子有大道：必忠信以得之，骄泰以失之。

"大道"，即天道，天道为体，大道为用。"大道之行也，天下为公"。

君子有行事之大道，其大道自"必"来，必然，必定，"必忠信以得之"。"忠信"，朋友以信，是群己关系之首要。"主忠信"（见《论语·学而 / 子罕 / 颜渊》），尽己之谓忠；信，言可复也。忠信，乃进德之基（《易经·乾卦·文言》"君子进德修业。忠信，所以进德也；修辞立其诚，所以居业也"）。

"骄泰以失之"，何以失之？就因为骄、泰。"骄"，壮、恣也，野马不受控制；"吝"，该给人而不给，有司之吝。"如有周公之才之美，使骄且吝，其余不足观也已。"（《论语·泰伯》）"泰"，舒泰，自以为舒适。"否泰，反其类也"（《易经·杂卦传》），物极必反。

骄泰者，人之殃也。一口说出很快，但路子就断了，自己犹不知。大事不易得罪人，小地方才易得罪人。人家的事，又何必说三道四，说人是非？大言不惭说，人亦不信！人问话，爱理不理，骄也！天下事必按理行事。处朋友要委婉说，不要当面刮人胡子。

"泰而不骄"（《论语·子路》），"君子无众寡，无小大，无敢慢，斯不亦泰而不骄乎？"（《论语·尧曰》）

生财（理财）有大道：生之者众，食之者寡，为之者（做事的人）疾（快），用之者舒（缓），则财恒（常）足矣。

"聚人曰财"（《易经·系辞下传》），"生之者众，食之者寡"，"为之者疾，用之者舒，则财恒足矣"，做事的人快快加倍努力，而用钱的人则舒缓用之，则财能常充足。此乃理财的大道。

人为什么苦？一人赚钱，养八口之家，能不苦？贫贱夫妻百事哀。

国之强富，物资重要，尊生，得厚生。"正德、利用、厚生，惟和"（《尚书·大禹谟》。孔安国《传》称"正德以率下，利用以阜财，厚生以养民"）。

正德，"贞固足以干事"，止于至善，德至善；利用，尽物之用；厚生，使人民生活丰足；惟和，发而皆中节，"和无寡"（《论语·季氏》），就不觉得多或少。设教，是为了"厚生"，"为之者疾，用之者舒"，乃是设教之根本。

"嘉会足以合礼，利物足以和义"，做有益于人群的事，但必先自立，己立而立人，"能以美利利天下，不言所利，大矣哉"（《易经·乾卦·文言》）。

仁者以财发身，不仁者以身发财。未有上好仁而下不好义者也，未有好义其事不终（没有结果）者也，未有府库财非其财者也。

"仁者以财发身"，一个仁者有了钱，会用钱助人，做福利事业。"君子以仁存心""仁者爱人""爱人者，人恒爱之"（《孟子·离娄下》），仁者散财以聚民，可以得人心，王天下。

"不仁者以身发财"，不仁者做官就贪污，净搜括民财，必致身遭祸殃。为人坐台，如妓女之流，"以身发财"。

"未有上好仁而下不好义者也"，"上好下甚"，仁、义是相对的，在上者"以财发身"，在下者"以义终事"。"利者，义之和也"，"能以美利利天下，不言所利，大矣哉！"

"未有好义其事不终者也"，可见，一个人要能持之以恒是多么难！人一旦软弱了，就会向魔鬼投降。始终如一、有始有卒，多么不易！必真知，才能有终。"有始有卒者，其惟圣人乎"，一般人多半是虎头蛇尾，有始无终。

"未有府库财非其财者也"，没有国库财不是做你"以财发身"用的，因为当政者"惠而不费"，要为民谋福利。

孟献子（鲁国大夫）曰："畜（xù，养）马乘（shèng，四匹马），不察（研究）于鸡豚；伐（凿）冰之家，不畜牛羊；百乘之家（卿大夫有采邑的），不畜聚敛（损义）之臣。与其有聚敛之臣，宁有盗臣（损财）。"此谓国不以利为利，以义为利也。

古时有制度，公家不可与民争利，要调均，不患寡而患不均。

《春秋繁露·度制》曰："君子不尽利以遗民……天不重与，有角不得有上齿。故已有大者，不得有小者，天数也。夫已有大者又兼小者，天不能足之，况人乎？故明圣者象天所为，为制度，使诸有大奉禄亦皆不得兼小利，与民争利业，乃天理也。"《易经·节卦》云："节以制度，不伤财，不害民。"

"畜马乘，不察于鸡豚"，昔大夫之家始得备车驾四马，有四匹马的士大夫家庭，不可以再研究养鸡豚。"伐冰之家，不畜牛羊"，卿大夫之家，不可再饲养牛羊。要吃就去买，不可与民争畜牧，因那时购买力薄弱，小老百姓饲养的就卖不出去了。

以前中国人也吃冰，那时没有电冰箱，但有冰箱，是用木头做的，外摆铁皮。冰，是河里的。那时卖冰的天天送冰。夏天可以吃冰，是用水果做的香料，真冰很是爽口。

烧煤球的年代，烧一煤球至少要半小时。昔日地窖，冬暖夏凉，存菜又存肉。东北火锅用酸菜，冬天没有青菜，为方便而有饺子、包子。满族文化，吃火锅。

"不畜聚敛之臣，宁有盗臣"，"聚敛之臣"，搜括民财，巧设法律，用尽许多名堂；"盗臣"，窃取公家财物者，犹只是一人行为，可绳之以法。宁用盗臣，不用聚敛之臣，否则"上下交征利而国危矣"！因为"万乘之国弑其君者，必千乘之家；千乘之国弑其君者，必百乘之家。万取千焉，千取百焉，不为不多矣。苟为后义而先利，不夺不餍"(《孟子·梁惠王上》)，因"为人臣者怀利以事其君，为人子者怀利以事其父，为人弟者怀利以事其兄。是君臣、父子、兄

弟终去仁义，怀利以相接也，然而不亡者，未之有也"。(《孟子·告子下》)

郑玄注："国家利义不利财。盗臣损财耳，聚敛之臣乃损义。"《新唐书·食货志一》："盗臣诚可恶，然一人之害尔。聚敛之臣用，则经常之法坏，而天下不胜其弊矣。"

"国不以利为利，以义为利"，以制度调均。"理财正辞，禁民为非曰义"(《易经·系辞下传》)，为国理财要正义、明道，"正其谊（义），不谋其利；明其道，不计其功"。

《春秋繁露·对胶西王越大夫不得为仁》称"正其道不谋其利，修其理不急其功"；《汉书·董仲舒传》称"正其谊不谋其利，明其道不计其功"。

"禁民为非"，有相关规定法令制度，治乱世用重典，但必要恰到好处。最高则是防未然，"禁于未发之谓豫"(《礼记·学记》)，"君子之求利也略，其远害也早"(《荀子·修身》)。"义者，宜也"，"利者，义之和也"，"能以美利利天下，不言所利，大矣哉"！

我同情穷人，觉得社会最好、最苦的都是老百姓。中国百姓之苦，帝王制度要负莫大的责任，养了太多的废货，看皇宫一天的开销有多少？以前当官的，父母不住到官舍，大太太要在家侍奉。那时一个县长就如此享受，不贪，钱从哪里来？

民国的土匪军阀，是自李鸿章（1823—1901）的"淮军"来的。民国初年的乱，皆淮军之遗孽。张作霖（1875—1928）是土匪出身。蒋介石（1887—1975）是军阀，给美国做一辈子的走狗，什么也不懂，就听"他妈的"。

今后不再有"帝王"了，最多只是伤品败德。

虎毒不食子，有人居然弄死两个亲生的小孩，还有儿子刺死自己父亲。妈祖流泪岂非先见之明？天听自我民听。看岛内的乱伦，真是举世无之，恐怕妈祖确实值得一哭！今天，连近亲都乱伦，悌道更是没了。

物极必反。什么时代一乱伦，大事绝对出来。我是按照传统讲。

在台拨乱，第一件事要先拨乱伦。台湾风气已至此，警察已经是抓不胜抓了。不要认为这些事与自己无关，要先自"正己"起，即自"诚正"开始到"修齐治平"，"毋自欺"最为重要！

每一个时代的变，都是从一些反常现象开始的。如果"上下交征利"，那国无不危矣！

人不要太随波逐流，人生什么药都可以吃，就是后悔的药最难吃。想当年，永远是当朝一品，小老婆多得很！

看近代中国这一百多年来，天天净在战争中，生灵涂炭，受苦的是老百姓。台湾问题如果解决，内战就没有！

现在我的老朋友都"报销"了，我现在苦恼的是，连个聊天的对象都没了！我犹不相信有来生，那我这一生岂不是白搭了？人到老年，会自己审判自己，此"自讼"也。

遇事要冷静，多加考虑，就少后悔！冷静想，想透了，就知道你应该做什么。看我愈活愈有滋味，从被贴讣闻到今天，愈感到我有先见之明。"小人之过也，必文"（《论语·子张》），专会粉饰自己。

当年在大陆，吃一碗面要金圆券一亿多元，一麻袋的金圆券顶多换一斗米，这就是蒋介石！

老蒋来台，把大陆能卖钱的都带来了。那时大陆不但吃的没有，连像样的桥都破坏了，义仓所有的储粮全付之一炬。

人绝不可以缺德，就是败家子，也还有个"子"。有钱没人花，因果也！袁世凯犹有好孙子如袁家骝（1912—2003，中国物理学家，夫人是物理学家吴健雄）。

做事绝不可以缺德，违心绝对报在子孙。我看违心之人都没有好结果。不要做违心、欺心的事，"毋自欺也"。我看的报应太多太多了！

我在南京时，天天跑，找古迹。找方孝孺（1357—1402）的墓，找了三天，就位于一山坡下，没有一棵树，有李鸿章立的一块碑。

孙中山埋于钟山（南京紫金山，又名钟山），老蒋想埋在蒋山（在紫金山，汉末秣陵尉蒋子文葬于此，被视为山神，故称蒋山）。不如学孔子墓"携子抱孙"的形制，干脆埋在慈湖，入土为安。

　　孔子子孙三代葬于孔林内的小院落，三个墓成一品字形，孔子儿子孔鲤墓在孔子左边，孙子孔伋墓在前方，成孔子领着儿子、抱着孙子的"携子抱孙"形制。

　　人到盖棺论定了，却死无葬身之地。以此证明，人尽量不要自欺、欺心。人一定要重义。李鸿章说台湾"男无情，女无义"，果真如此，岂不糟了？

　　《学庸》于你们成事、为人有莫大的关系，立身行事，此两部书有莫大的好处。

　　、　看一观念之产生，思维之模式、思想之境界。"夏，中国之人也"（《说文》）。三夏：夏、诸夏、华夏。内圣，"夏，中国人"，礼义之人，是修养；外王，由内而外，由近及远，诸夏；远近大小若一，华夏。内圣功夫犹不足，要"作新民"，将"新"光华于天下，成外王之业。

　　种子，是因缘；水、土、阳光、空气、岁时、人工，是助缘。元，是种子；夏学，中国人之学，作为肥料；人，是园丁。要利用肥料以培养种子——元，园丁则勤于灌溉、照顾。"夏，中国之人也"，知有礼义，是有文化的民族。夏、诸夏、华夏，有三个层次。

　　中国是古国，今天"其命惟新"，要另辟思想的新天地。既不为争胜，那何不争德？何以不埋藏种子，以待明日之开花结果？要处处以法理作为根据。"夫人不言，言必有中"。许多话要好好学。

你们是一张白纸，千万不要抹黑，否则怎么洗都会有痕迹。

张大千（1899—1983）在敦煌"盗壁"，身带通缉令。李石曾（1881—1973）接收故宫时，盗卖皮袍，也带有通缉令。但是最后都不了了之，只给他们丢个脸。如真有志，绝对要脚踏实地，千万不要巧取豪夺。

我有生以来就不怕死，一个人如活得没有价值，那还活着做什么？我有想法，并不是没有做法，但是环境不允许。

你们缺三达德，缺德，多呆！智者不惑于欲，勇者不惧人势，仁者不忧己私，活着就有目标。要保存自己圣洁的身子，否则人会骂你投机。要保住那个圣洁，人有圣洁最为芬芳，"绘事后素"，质白才可以彩绘。

做人之难，可太难了！要把有用的智慧用于有用之处，不要学那个著作等身的。求学，得求，求仁得仁，求则得之，舍则失之。我不要你们留浮名，要务实，实至名归。你们有成就，表明我在台五十年没有白干。人为何要与草木同朽者相竞？

我经常吃黎东方（1907—1998，曾受业于梁启超，又曾师从法国史学权威马第埃教授，学贯中西）太太包的饺子。黎，河南人，著有《细说清朝》《细说明朝》，其人细心，真正蒋家的"太傅"，是留法的。以前皇帝上学，有太傅、侍讲（为皇帝讲书）、侍读（等于录放音机）。

平天下，御天，要练达智慧。要练习自己做主人，而不是做人家的狗腿。不要和世俗乱扯，一个人必须要有特殊的立场，才能有特殊的成就。"时乘六龙以御天"，要在六变之中，不但头不晕、不跌倒，还要能够支配天地。尧试验舜，"纳于大麓，烈风雷雨弗迷"（《尚书·舜典》），舜在狂风暴雨中都不迷。

好的配偶总得想办法看看，但是人家也有方法让你看不到，此即斗昧儿，斗谁糊涂。斗的是昧，谁有智不昧，谁就赢。阴差阳违，斗的就在一点上。

当将军的就不怕战争，有谋就不怕人家谋士如云。虽然没有见到，但心意绝对动了，可能三夜没有睡觉。娃娃戏都唱不完，还谈什么平天下？

长（掌）国家（一国领导）而务财用者，必自（用）小人矣；彼（指小人）为善之（小人善于务财用）。小人之使为（治）国家（国家而唯小人是用），灾害并至，虽有善者，亦无如之何矣。此谓国不以利（财货）为利，以义为利也。

领导国家而"务财用者"必用小人，因为小人善于"务财用"。国家乱了，不怕，就怕大本乱了。

"小人之使为国家"，掌国家而务财用，"鸡鸣而起，孳孳为利"（《孟子·尽心上》），以利为利，则"上下交征利，而国危矣"！"善政，不如善教之得民也。善政，民畏之；

善教，民爱之。善政，得民财；善教，得民心"（《孟子·尽心上》），善（能）政要民财，尽与民争利。

"灾害并至，虽有善者，亦无如之何矣"，天灾人祸并至，虽有善于为政者，亦无法挽救了。"此谓国不以利为利，以义为利也"，"利者，义之和也"，"能以美利利天下，不言所利，大矣哉"，要公而去私，至少要有"生民"之德。

以前人四岁启蒙，司马迁二十岁时已经学完了，开始周游天下名山大川，开阔胸怀，增广见闻。年轻人要游学，以开阔自己的视野。我年轻时在外游学十二年，可说听遍全天下，但没有一张文凭。

人因为环境不同，用情也不同，古人很是含蓄，今天则看似落伍。智慧没有新旧，必用经验印证。

没有接触过高的，又怎么知道用高的方法，没到境界就无法了解那事，人的见识特别重要，不要孤陋寡闻，"读万卷书，行万里路"，经印证了才有用。

以前的学派都有师承、师说，今天不应再有门户之见了，可以多知道几家之言。十六字心传："人心惟危，道心惟微；惟精惟一，允执厥中"，就出自古文经《尚书·大禹谟》。

中国现在环境已经变了，成就事业不必在于自己的子孙。未来社会问题多多，我勉励你们脚踏实地做，人生单打独斗不容易，必要"本立而道生"，不要学那个好高骛远、专要心机的，是最大的失德。小蒋是"青年导师"，何以没有将自己的儿子导好？要自根本入手，教育好自己。一事无成，升沉之多！经验多，并不就代表成就。

《学庸》虽然不是金科玉律，但是为我们指出一方向：内圣，修己；外王，做事业。如果什么都不读，就没有方向；缺乏基础，就不知所云。用上与否，端视个人的脑子，亦即智慧，最低限度指出了做人、做事的方向。

必须自求，皆自求也。不要尽放空枪，每出一次奇招，就垮一次，因为不学无术，所以不能有进步，而且一次比一次糟。

走在三岔路口，究竟要怎么走才对，就看你们的智慧了！遇事，要冷静想一想，免得将来后悔！

我最关心的是台湾的纯老百姓，搞"独"的都是洋狗，入外国籍的，认贼作父，当然无不为矣！有些政客皆自欺，不知道要建设未来，和猪狗一样。人必要过智慧生活，因为人和畜生不同。

做事就视应做与否，不考虑成败，则失败亦成功，如文天祥之求死。成败皆系于己，应做与否则系于国家、天下。知道如何做才不盲目，此即《春秋》的精神，所谓"正其谊，不谋其利；明其道，不计其功"。

"大学"，学大也。《大学》讲什么？要真了悟。

识微、察微。我看电视，都做笔记，遇事要留心，察事要细心。

你们年富力强，头脑清楚，跑接力，我想的一段，你们接着就不浪费，述而不盲。我失败、碰壁的地方，你们也可以避免。真爱国家民族，是该有所行动的时候了！

就以你们父母给你们的无价之躯，净为人做招牌，盲从、卑鄙、无知、龌龊！人若无耻至此，真是连畜生都不如。不要天天把自己摆在前头，应做些有利于人的事。

没有文化的人，天真；有文化的人，一举一动都有文化。人一言以为智，一言以为不智。知识分子做事，一言一行必有所本，要日知己所无，月无忘己所能，每天必要有受益、有进步，活着才有价值。

知识分子绝不能自侮、自轻，净为人打小旗。身体发肤受之父母，自己没有权利支配，要无忝所生。

我骂人，声音可以惊动天地，因为我有修持，"精、气、神，人之三宝"，尤其是男子。

凡事，近的意义、久远的影响，都必须注意。美国不愿与中国最后步上"绝"字，故中国每出绝招，这暗示什么意义？一件事代表什么，意义何在？必加以玩味。

知道怎么做，必须有学有术，平常就要储备自己，"素具"（《孙子·火攻》）。必深体其意了，遇事才不冲动；不冲动，就不盲动。责之以大义，关公少读《春秋》（《左氏春秋》），深明大义，所以备受崇敬。一个人如果离了义，那结果会如何？

孝与慈，都没有选择权，不能讲价，是天律。无论他是什么出身，他生了你；而你生了他，他的好坏你都得管。人生，谁也逃不过孝与慈。人无不望子成龙，望女成凤。儿女是债，永远还不完。

"友爱兄弟"，一奶同胞，手足之情，是同一公司出品。夫妇以义合，义者，宜也，就看二人相宜的地方，情谊所在。所以以义为要，不要天天相互责善。

孝、慈、义，是不可以随便变的。父子、夫妇之间均不责善。要看他的好，不要看不好看的地方，尽量想对方的可取之处，那人生就值得留恋了。一个人要是失了义，也就失了据。人不能失据，一定要注意。了解立身之道了，才能有所发展。

政客以欺骗为能。拨乱反正，要正世，不可以胡扯，故君子"夕惕若，厉无咎"。志士，绝不投降，"直道而事人，焉往而不三黜？"（《论语·微子》）最后必得革命。

立志必坚，君子终日乾乾，坚持到底，早晚必成功，但是很不容易！

学：觉，知；效，行。知行合一谓之学。学什么？学大，是入手处；成功了，则写《大学》，即结果。要自根上入手，"行有余力，则以学文"（《论语·学而》）。古人早就告诉我们怎么学了，"四书"中无一句废话。读书虽不能过目成诵，但至少也应过目不忘。

"学大"，学大人之学。如将"大学"说成与"小学"相对，那就将真义讲丢了。《大学》，乃是大人之学，"大人者，与天地合其德"，而"天有好生之德"，"天地之大德曰生""生生之谓易"，所以要学"生"。

"生"的含义多，小孩开始受教即学生，先学生己，此为内圣之道。其次生民，亦即外王之道。政治为生民之政，即仁政。

想学生，第一步即"卫生"，天天卫己之生。此外，还得卫众人之生，亦即卫国。中国人讲"卫天下之生"，达"舟车所至，人力所通，天之所覆，地之所载，日月所照，霜露所坠，凡有血气者，莫不尊亲"，此乃华夏、大同的境界。

学文，因为"文没在兹"（《论语·子罕》云"文王既没，文不在兹乎"），曲阜孔庙大成殿有"斯文在兹"匾。"行有余力，则以学文"，所以要教文，文成为四教之一，孔门四教："文、行、忠、信"（《论语·述而》），可见"文"之重要！

孔子为"文宣王"，其一生的成就即在宣这个文。此文，不同于"文章"之文，乃是"经纬天地"。

必先安排好自己，如基本问题没有解决，大问题怎能解决？"天地之大德曰生，圣人之大宝曰位。何以守位？曰仁。何以聚人？曰财。"（《易经·系辞下传》）聚人守位，养成群生，奉顺天德，治国安民之本，故"不患寡而患不均"，"均无贫"（《论语·季氏》）。

尧是第一个学天成功的，故曰"唯天为大，唯尧则之"，是尧则天，有生来之圣智；后生者得学大、学天。一个人的思想、行为是无法限量的。

"学大"有根据，孔子称尧为"则天"。则，准也。则天，言尧之德与天准也；法天，"天无私覆，地无私载，日月无私照"，法天的大公无私，不以天下为一己、一家之所有，而以"天下为公"，此尧之所以伟大。

要下功夫，中国学问并不是没有用，否则怎么能传之千古？就因为碰到无用之人，才成为无用之学。有所表现了，则"虽曰未学，吾必谓之学矣"（《论语·学而》）。

学如不能"时习之"，则"生乎今之世，反（返）古之道；如此者，灾及其身者也"（《中庸》），因为古已经是垃圾了，又何必从古？多少老先生崇古，一字都不能动，那岂不是返古？古，只可做参考，要去其渣滓，留下精华，此即"时习之"。时习之，做事才能合乎时。

"学而时习之"，那应学些什么？实学最为重要，解决问题必须要有真学问，不是博得虚名。中国既富无尽藏，也应懂得如何开发此一无尽藏。

人的智慧固然是天生的，但是培养更为重要，故要下"人一己百，人十己千"的功夫，最后"虽愚必明，虽柔必强"（《中庸》），由此证明后天的培养更是重要。活智慧，必要用到活的人生中。

何以同样会做烧饼，但是做出来的烧饼滋味就是不同？要知味，但天下知味者少，一般人不过是填饱肚子罢了！社会上什么都有，但是真知的不多。解决社会问题必得真知。说什么人才济济，可是能够解决问题的没有几人。必要懂得怎么认识问题。

"五经"都读完了，就可以海阔天空，但必须特别透彻。

食古不化，不化就没有用，不能串在一起。真正的印证，将前后连贯，则有来龙去脉。但是如果不熟，就没有办法了。不可以己意解经，但如经书不熟，又如何依经解经？

"齐之以礼"，中国的礼就是法。一般人皆是常人，至少要能维持一家的温饱。看看有哪几个家庭日子过得愉快？齐家，必得用最高的智慧调整，使家人在家有"如沐春风"的感觉，令人愉悦，有一个安乐窝。

千万别造成夫妇之间的不快。人到不能解决问题时，必要以"礼"解决，"有所不行，知和而和，不以礼节之，亦不可行也"（《论语·学而》）。

家庭能够过得愉快，人的精神、生活正常了，才能"有余力"。用不上，就是不入化，不能化己，等于没学。如无所学、无所守，那遇事当然就六神无主了！

家乃是储电之机器，要美满才能发电。没有高智慧，至少也要有齐家的智慧，使家庭温暖；如果家庭不理想，莫不如自己一人过活。人的本就是家，有正常的家庭，才能造就出正常的孩子。

伏羲因为忙，才画出八卦，为了"通神明之德，类万物之情"，下"通""类"两步功夫，宇宙中就"通之""类之"，形形色色都得类之。之所以"不通"，就因为缺乏"类"的功夫，对事对人没办法类得好，当然处处有阻碍。

人最大的毛病，在以一己之观感要求天下人，"责己也轻，责人也重"。"古之君子，其责己也重以周，其待人也轻

以约。重以周，故不怠；轻以约，故人乐为善。"（韩愈《原毁》）

盲目地崇拜、跟随都是错误的。"三人行，必有我师焉，择其善者而从之，其不善者而改之"（《论语·学而》），"见善则迁，有过则改"（《易经·益卦》），别人有善，足以为法，见贤思齐；看别人不对，引以为戒，自我反省，以改正自己，而不是去改别人。在一团体中，批评团体，既于己无益，亦于人无补，应学会适应团体。

《大学》，学大，与天地合德；《中庸》，用中，按人性办事。《大易》与《春秋》均讲元。元，妙万物者。万物皆自元来，没有元，就没有一切。万物都有其用。

中国所有学问，就"阴阳"两个符号之演变。读书，如要点抓不住，就没有用。读每句，要当思想读，思之思之，鬼神通之。

中医，从伏羲"画八卦"、神农"尝百草"到《黄帝内经》。要再造"华夏文化"。做事有一定的方向，研究文化亦如是。

文化不是讲的，必得实行。有人骂余英时没有资格讲中国文化。偶一不慎，被人利用一次，成终身的污点。

人生观、社会观、世界观（天下观）。中国文化是天下文化，不要界与际，世界、国际都不行。因为有界、际，就有纷争。寰宇，是中国思想。

华夏文化，"夏，中国之人也"；"夏，大也"（《尔雅》），至大无外。

《管子·心术上》云"道在天地之间也，其大无外，其小无内。"

中国文化，"入中国，则中国之"，是中道之国（《中庸》"喜怒哀乐之未发，谓之中"）、人性之国（《中庸》"天命之谓性，率性之谓道"）。

应做什么就做什么，不要有计谋，净用心机，"人之视己，如见其肺肝然"，既知如此，又何必耍心机？"空城计"也只能用一次。

我要你们比我能，不是教你们天天用计谋，什么都会过去。要发你们人性的深省，一即一，二即二。

学大，绝不是空的，真学大了，就不小了。大，是无所不容，"君子不器"（《论语·为政》），器就小，不器乃大，能吸收就不卑鄙、不下贱。要自根上造就自己，自诚意、正心入手。

写文章，代表一个人的思想，故应慎思。其次，要明辨、翔实。为文，是要给不懂的人看，应使别人一看就懂，所以得详细而且实际。实，乃包括自己身体力行的东西。

要将思想介绍给不懂的人，如果达不到作用，那就起不了传播的目的了。何以写完别人看不懂？因为不够详。慎思、明辨、笃行，皆功夫也。

王弼写的都是好文章，可惜他死得太早，谈不到翔实。朱子毕生精力就在一部《四书章句集注》。

现在写文言文，谁看得懂？作贺表，是要做纪念，所以要用"四六"（骈文体），但是传道则不同。

做思想家必要有头脑，什么书都能读，懂得运用思维，才能成为思想家。

《墨辩》有思想，但难懂。

《墨辩》包括《墨子》书中《经上》《经下》《经说上》《经说下》《大取》《小取》在内的《墨辩》六篇，在《墨子》书中最为难读，是该书逻辑的基本推理程式。《墨辩》系统地总结了辩论的机巧，对中国古代逻辑学的发展有巨大贡献，被后人称为《辩经》。

商鞅（前390—前338）可以强秦，但不能自保；韩非（前280—前233）亦如是。清末龚自珍（1792—1841）、魏源（1794—1857）、廖平（1852—1932）、皮锡瑞（1850—1908）、康南海（康有为，1858—1927）、谭嗣同（1865—1898）都有思想，也有著作，但是对那时的清朝没有影响力。

王国维（1877—1927）、罗振玉（1866—1940），是学人，但是对时代没有贡献。

要下"纯"的功夫，绝不可以有钻尖取巧的心理。一个人不论有什么成就，如果不能自保，那一切免谈。

魏徵（580—643）尽忠了一辈子，几度受侮辱仍可站住。信耳不信目，反反复复，御碑立了又倒，倒了又立，但至少有后人可法之处，站得住。

张良（？—前189）、萧何（？—前193）也都不错，于汉开国有功。千古不变，可是不易！

《原儒》新辟路子，熊十力（1885—1968）有智慧，赶上时代了，有发挥的功夫。"新儒"拉他做祖师爷，但是熊先生自认为是接孔子第一人，自《原儒》可窥见一斑。真有学问，人家就拉你做祖师爷。

学术是跑接力的，熊十力跑第一棒，那第二棒要如何接？有大志者应立准目标。

前面所述几人，是给讲书人充实材料的，但是他们对时代没有贡献，没有影响力可言。

廖平，永远脱不了老生常谈，即俗儒之见，亦即腐儒一个。一代思想家，得叫人拿过来就能实行。

怎么想都可以，王充（27—约97）《论衡》宝贵，走反路子，有智慧。都可以有自己的想法，但视所想是否合乎逻辑，必要真下功夫。

看书不要当作偶像崇拜，而是要看他们究竟是怎么想的，以他们作为参考。梁启超（1873—1929）聪明取巧，活时热闹，死后寂寞。

现在是"另辟天地"的时代，必自固有的东西找。应自根上认识中国的"道统"，因为根自源来，应该根据存在的资料找出来。

要先有远大的目标作为蓝图，再慢慢地充实之，不要净捡鸡毛凑掸子。

你们所整理的夏学，恐非我心中的夏学。我们应自根上认识中国道统，"中"字很重要，不分析清楚就不能树立思想。根自源来，根据现存的资料找出来。谈"中"的，有《中庸》《中论》二书。

《中论》，建安七子之一的徐干著，序言："常欲损世之有余、益俗之不足，见辞人美丽之文并时而作，曾无阐弘大义、敷散道教、上求圣人之中、下救流俗之昏者，故废诗、赋、颂、铭、赞之文，著《中论》之书二十二篇。"

何以叫"中国"？找出实例。自原典看此二书的立说，距离有多远，有多少的真实性。看书，有所启发了，再往前走一步。

我为了写白话，看《圣经》，是要让没读过中国书的一看就懂。因为《圣经》阿婆都看得懂，才有那么多的信徒。

从立说，可以看出一民族的智慧。中国民族自开始就有智慧。什么是老祖宗？祖、宗，是崇拜生殖器时代的图腾。

祖（祖）与宗（宗）：示（示）是三脚架上摆一块肉，祭拜男的生殖器（且）、女的生殖器（冂）。生两性，就有祖与宗了，代表生生不息。

后来的子孙不孝，将"祖"丑化成最肮脏的东西。如说女子有月事是污秽的，那佛也是污秽的产物，因为他也是女人生的。

"枢机之发，荣辱之主也"，何以有的生残障儿，有的却生高智慧儿？荣、辱，就在此。一切"生"，都有荣、辱，就是石头，有低贱的，也有价值万金的。石头虽是贱物，也有摆在皇宫的。有生，就有荣、辱，"枢机之发，荣辱之主也"，所以对"生"得如何地谨慎！

中国人对于"生"的谨慎，都有专书。生，要看时、日，人与狗不同在此。现在的"性学"，根本是野狗学。中国人费尽千辛万苦才做出生的书，因为中国人"尊生"，说"人为万物之灵"（《古文尚书·泰誓上》云"惟天地万物父母，惟人万物之灵"）在此。

中国人的尊生，是自根上来的。要以生之术的智慧，将天下调整得更为致密，不要将那些书当作淫书。我们先民何以有那么沉静的智慧？今人却净以俗知、俗见应世。

必要正视中国智慧的思维，想建树思想，要了解思维的方程式。"七日来复"（《易经·复卦》），休息，是为了养生机。人在年轻时如不好好修养，到老了一切就兑现。

为学、做事绝对不可以自欺，都必须自根上着手，不要随世俗跑，要"不易乎世，不成乎名，遁世无闷，不见是而无闷。乐则行之，忧则违之，确乎其不可拔，潜龙也"（《易经·乾卦·文言》）。自"真"入手，脚踏实地，一步一步来，届时才能实至名归。

就是说话也要谨慎，千万不可以兴之所至，想说什么就说什么，最易失败！一个守口如瓶的人，成功的机会就大。说话要有分寸，要守住分际，更要懂得有明天的观念。要善用头脑，此自慎思、明辨下功夫。

以"群"对付"权威"，要"群而不党"（《论语·卫灵公》）。党，则结党营私，党同伐异。从小就得培养群德，"德、智、体、群、美"为五育。群策、群力、群德、群利、群智，只要群力一抬头，就无人敢表现其权威。要三三五五，用群力，众志成城，"通志除患，胜残去杀"。

做事有一原则：许多人负责时，难免有过，要"赦小过"（《论语·子路》），不要对人"求全责备"（《论语·微子》称"无求备于一人"）。但是大过不能赦，即犯一团体的守则。如大家都做，自己不做，守自己的原则；否则你也做了，即为朋奸。

不能"朋比为奸"（《新唐书·李绛传》称"趋利之人，常为朋比，同其私也"）。应是"言不必信，行不必果，惟义所在"（《孟子·离娄下》），"无适也，无莫也，义之与比"（《论语·里仁》）。

"《春秋》者，礼义之大宗也"（《史记·太史公自序》），是智慧的表现，智慧用出来，即为礼义，所谓"载之空言，不如见之于行事之深切著明也"（《史记·太史公自序》）。

一切决之以礼义：礼，法、道、规矩、制度；义，宜也，合宜，合理。以礼义为准，不合理的事就不做。读书，贵乎能用智慧，当成活智慧，要将自己所了解的智慧行出，对社会的影响是深且著的。

有些人不曾出过国，但何以他"奸"的思想如此地根深蒂固？太可怕了！不但是只"铁公鸡"（无心争斗的鸡，便全身无懈可击，它劲气内敛，一触即发），还是"杠子头"（喻喜欢抬杠，且不管自己的观点对不对，都死拧抬到底，听不进别人意见），此种人之可恶，更甚于贪官污吏！

每一国家民族均有其文化心理的独特性，此乃差异性之所在，有其特殊的思维方式。

《春秋》推见至隐，《易》由隐至显。智慧有层次，所以人培智也必须有层次。如人类从男女、名分开始，就有礼法、制度，此即智慧的层次。

知止，而后有定。立志，行健不息。知耻近乎勇，方向要正确。做学问得能讲就能行，实学是让人拿过来就能用。一切尽在不言中，只可以意会，不可以言传。

商鞅、吴起（？—前381）、苏秦（？—前284）、张仪（？—前310）都很聪明，但是何以他们都不得善终？可见聪明有时反成为杀死自己的工具。做事是为了成功，切记不可以急功。要会摆棋子，一盘棋，一子摆错了，满盘皆输。

政争，可不能给敌人留下半点儿生存的机会。养虎，不可以用活的动物，因为它在搏杀生物时，会引发其怒气，野性一发就不可收拾了。应顺其性情而养之，就能把它养得像猪一样的柔顺。

"反者，道之动"（《老子·第四十章》），相反相成。真正的敌人是叫你看不到的。不能瞻前顾后，又如何成事？

无守口之诚，则永远打不入核心。应守口如瓶，有信德，要"三缄其口"。

《说苑·敬慎》云："孔子之周，观于太庙，右阶之前，有金人焉。三缄其口，而铭其背曰：古之慎言人也，戒之哉，戒之哉！无多言，多言多败。"

培理事之智，养舌辩之才。要培养器质，才可以坐上谈判桌，成为舌辩之雄。不能"似是而非"，先立一个"准是"，然后才"说不"。话不在多，而在含有多少的意境。

对某些问题，说"必等对方有善的反应"，是何等不合理！应是自己要有所准备，必叫对方有善的回应。你对我一分，我对你一分。

求真理，到必要时要说公道话。你愈是客观，说话才愈有效力。如果有背景就会有立场，千万要保住人品。要练习认识环境，必得有术。"棋逢对手一般平"，势均力敌才能做朋友。夫妻亦然，天长地久的感情是建立在一"怕"字上，因为夫妻想有"永终"，必得"知敝"。

做事必须有计划、有步骤，不可以情之所至，必要有立足之地。做什么都有一定的路子。不违则，不违背民意，此势也。如不知守则，则成为"卖祖求荣"了。

对方刚，你要乘刚、乘时、不违则。如有所求，就好态毕露。不违天则，要顺自然。

读书时，凡遇政、聘（外交）、武（兵）、平（平天下）、定（定于一），要记卡片，将卷、页记下，日后按卡片选材料。不出三年，可以整理出一部书。开文会，练习写、讲、检讨。必要为文，才能研究学问。

《史记》等前四史，系统化地看一遍，依此往下看，找出其不同点，则可以"博而要"。

书是愈读愈清楚、仔细，要使人明白。开始时简单，愈是后来愈是系统化，有固定的对象，使人可以用得上，俾明白遵行。系统化以后，看什么都不难。自近代史上的倭寇乱华，即可以明白历史上的"五胡乱华"。多，不是难，而是愈来愈仔细。治学有方法，必要懂得怎么治学。

《尚书》是政典。《春秋》"其事则齐桓、晋文"，好坏事皆写出，证明要愈讲愈清楚、仔细，在使人明白。"其义则丘窃取之"（《孟子·离娄下》），"丘窃取之"，乃是孔子自己所取法的《春秋》之义。《春秋》借事明义。其事不同，其术则一也。

《论语》讲"孝"的地方虽多，但是片面零星。因为愈讲要愈清楚，乃有《孝经》，"行在《孝经》"。汉以孝治天下，《孝经》乃系统化了，分为《开宗明义章》《天子章》等，在使人拿过来即知道怎么做。

立说，要懂得有多大用处。系统化，有固定的对象，圣人要度迷茫，所以将之系统化，分为几章，俾便于明白遵行。

《易》刚开始亦简单，然后有《彖传》《文言》《系辞传》《说卦传》《杂传》等十翼。"天之所助者，顺也"，"是以自天佑之，吉无不利也"（《易经·系辞上传》），是要愈讲愈明白，而不是愈烦琐。

《尚书》是中国最重要的一部政典，尧是"文祖"，他是政治家的祖师爷，"曰放勋，钦、明、文、思、安安"（《尚书·虞书·尧典》），海晏升平，如天之清明，宽容覆载，尧则天的成就。历代所画《清明上河图》，即寓此意。

马王堆汉墓（位于湖南长沙市五里碑外）出土许多漆器，上面的彩绘图案就几笔，但愈看愈奥妙！今人写字有温文儒雅？看字是享受。我是王字迷。今人真无知，所以看不出。

儒，分为大道（以"奉元"为宗）学派与小康（以"六君子"为首）学派。读书，必要看原典，以一个为"经"，配上"纬"，才能有新思想。

指定的书必要读，并且要按时为文；先入门了，日久慢慢就会有好文。在为文之前，必先构思，先考虑要如何写，然后再下笔。写了之后，贴在墙上，休息时念文，再修改。

昔人读书，休息时就在书房转圈走。为文，必要多看几遍后，不断地修改。一如书家，功夫是在"字"外。

博而后约，读有用书，先视自己之所立。想通事理、发现自我，完全在自己。人往往是骑驴找马，走出大门愈远就愈迷失自己。

《易经》是变经，告诉你要"通其变"。但也必得"识变"了，才能"时乘六龙以御天"，此六变，是代表整个宇宙、六合。

　　脑子必要灵光，要下真功夫，做响叮当的人物，才能做人类的醒钟，惊醒人类。

《大学》原文（王阳明讲古本，即《礼记》原文）

大学之道，在明明德，在亲民，在止于至善。知止而后有定，定而后能静，静而后能安，安而后能虑，虑而后能得。物有本末，事有终始；知所先后，则近道矣。

古之欲明明德于天下者，先治其国；欲治其国者，先齐其家；欲齐其家者，先修其身；欲修其身者，先正其心；欲正其心者，先诚其意；欲诚其意者，先致其知。致知在格物。物格而后知至，知至而后意诚，意诚而后心正，心正而后身修，身修而后家齐，家齐而后国治，国治而后天下平。

自天子以至于庶人，壹是皆以修身为本。其本乱，而末治者否矣。其所厚者薄，而其所薄者厚，未之有也。此谓知本，此谓知之至也。

所谓诚其意者，毋自欺也。如恶（wù）恶（è）臭（xiù），如好（hào）好（hǎo）色，此之谓自谦（qiè），故君子必慎其独也。小人闲居为不善，无所不至；见君子而后厌然，掩其不善，而著其善。人之视己，如见其肺肝然，则何益矣！此谓诚于中，形于外。故君子必慎其独也。

曾子曰："十目所视，十手所指，其严乎！"富润屋，德润身，心广体胖（pán），故君子必诚其意。

《诗》云："瞻彼淇澳（yù），菉（lù）竹猗猗。有斐君子，如切如磋，如琢如磨，瑟兮僩（xiàn）兮，赫兮喧兮，有斐君子，终不可諠（xuān）兮。"如切如磋者，道学也。如琢如磨者，自修也。瑟兮僩兮者，恂（xún）栗也；赫兮喧兮者，威仪也。有斐君子，终不可諠兮者，道盛德至善，民之不能忘也。《诗》云："於戏（wū hū）！前王不忘。"君子贤其贤而亲其亲，小人乐其乐而利其利，此以没（mò）世不忘也。

《康诰》曰："克明德。"《大甲》曰："顾諟（shì）天之明命。"《帝典》曰："克明峻德。"皆自明也。汤之《盘铭》曰："苟日新，日日新，又日新。"《康诰》曰："作新民。"《诗》曰："周虽旧邦，其命惟新。"是故，君子无所不用其极。

《诗》云："邦畿（jī）千里，惟民所止。"《诗》云："缗（mín）蛮黄鸟，止于丘隅。"子曰："于止，知其所止，可以人而不如鸟乎？"《诗》云："穆穆文王，於（wū）缉熙敬止。"为人君，止于仁；为人臣，止于敬；为人子，止于孝；为人父，止于慈；与国人交，止于信。子曰："听讼，吾犹人也。必也，使无讼乎！"无情者，不得尽其辞；大畏民志。此谓知本。

所谓修身在正其心者：身有所忿懥（zhì），则不得其正；

有所恐惧，则不得其正；有所好（hào）乐（yào），则不得其正；有所忧患，则不得其正。心不在焉，视而不见，听而不闻，食而不知其味。此谓修身在正其心。

所谓齐其家在修其身者：人之其所亲爱而辟焉，之其所贱恶（wù）而辟焉，之其所畏敬而辟焉，之其所哀矜而辟焉，之其所敖（ào）惰而辟焉。故好（hào）而知其恶（è），恶（wù）而知其美者，天下鲜（xiǎn）矣。故谚有之曰："人莫知其子之恶，莫知其苗之硕。"此谓身不修，不可以齐其家。

所谓治国必齐其家者：其家不可教，而能教人者，无之。故君子不出家而成教于国。孝者，所以事君也；弟者，所以事长也；慈者，所以使众也。《康诰》曰："如保赤子。"心诚求之，虽不中，不远矣。未有学养子而后嫁者也。一家仁，一国兴仁；一家让，一国兴让；一人贪戾，一国作乱。其机如此。此谓一言偾（fèn）事，一人定国。尧舜帅天下以仁，而民从之；桀纣帅天下以暴，而民从之。其所令反其所好，而民不从。是故君子有诸己，而后求诸人；无诸己，而后非诸人。所藏乎身不恕，而能喻诸人者，未之有也。故治国在齐其家。《诗》云："桃之夭夭，其叶蓁蓁（zhēn）。之子于归，宜其家人。"宜其家人，而后可以教国人。《诗》云："宜兄宜弟。"宜兄宜弟，而后可以教国人。《诗》云："其仪不忒（tè），正是四国。"其为父子、兄弟足法，而后民法之也。此谓治国在齐其家。

所谓平天下在治其国者：上老老而民兴孝，上长长而民兴弟，上恤孤而民不倍，是以君子有絜（xié）矩之道也。所恶（wù）于上，毋以使下；所恶于下，毋以事上；所恶于前，毋以先后；所恶于后，毋以从前；所恶于右，毋以交于左；所恶于左，毋以交于右。此之谓絜矩之道。《诗》云："乐只君子，民之父母。"民之所好好之，民之所恶（wù）恶之，此之谓民之父母。《诗》云："节彼南山，维石岩岩。赫赫师尹，民具尔瞻。"有国者不可以不慎，辟则为天下僇（lù）矣。《诗》云："殷之未丧师，克配上帝。仪监于殷，峻命不易。"道得众，则得国；失众，则失国。是故君子先慎乎德。有德此有人，有人此有土，有土此有财，有财此有用。德者，本也；财者，末也。外本内末，争民施夺。是故财聚则民散，财散则民聚。是故言悖而出者，亦悖而入；货悖而入者，亦悖而出。《康诰》曰："惟命不于常。"道善，则得之；不善，则失之矣。《楚书》曰："楚国无以为宝，惟善以为宝。"舅犯曰："亡人无以为宝，仁亲以为宝。"《秦誓》曰："若有一个臣，断断兮，无他技，其心休休焉，其如有容焉。人之有技，若己有之；人之彦圣，其心好之，不啻（chì）若自其口出，实能容之。以能保我子孙黎民，尚亦有利哉！人之有技，媢（mào）嫉以恶（wù）之；人之彦圣，而违之俾（bì）不通；寔不能容。以不能保我子孙黎民，亦曰殆哉！"唯仁人，放流之，迸（bǐng）诸四夷，不与同中国。此谓唯仁人，为能爱人，能恶人。见贤而不能举，举而不能先，命也；见不善而不能退，退而不能远，过也。好人之所恶，恶人之所好，是谓拂人之性，灾必逮夫身。是故君子有大道：必忠信以得之，骄泰以失之。

生财有大道：生之者众，食之者寡，为之者疾，用之者舒，则财恒足矣。仁者以财发身，不仁者以身发财。未有上好仁而下不好义者也，未有好义其事不终者也，未有府库财非其财者也。孟献子曰："畜马乘，不察于鸡豚；伐冰之家，不畜牛羊；百乘之家，不畜聚敛之臣。与其有聚敛之臣，宁有盗臣。"此谓国不以利为利，以义为利也。长国家而务财用者，必自小人矣；彼为善之。小人之使为国家，灾害并至，虽有善者，亦无如之何矣。此谓国不以利为利，以义为利也。

《大学》译文

　　大德之人的修习之道在于显明光明正大的德性，在于使民众日新其德，在于使人达到最高境界的善。知道应该达到的最高境界的善，才能够志向坚定；志向坚定才能够寡欲以静，寡欲以静才能够安乐处仁；安乐处仁后才能够虑深通敏，虑深通敏后才能够敏行有功。任何事物都有根本、有末节，每件事情都有终结、有开始。明白了这本末终始的先后顺序，就接近大德之人的修习路径了。

　　古代那些想要在天下显明自己光明正大德性的人，首先要治理好自己的国家；想要治理好自己的国家的人，首先要用礼规来理顺自己的家庭和家族；想要理顺自己的家庭和家族的人，首先要修养好自己的德性；想要修养好自己的德性，首先要端正自己的心思；想要端正自己的心思，首先要使自己的意念真诚；想要使自己的意念真诚，首先要使自己下大力气掌握更多知识。掌握更多知识的途径就在于研究万事万物的原理。通过对万事万物原理的研究后才能掌握更多知识；掌握更多知识后意念才能真诚；意念真诚后心思才能端正；心思端正后才能提升自己的修养；自己的修养提升后才能理顺家庭和家族；理顺家庭和家族后才能治理好国家；治理好国家后天下才能安定天下。

上自天子，下至平民百姓，人人都要以修养德性为根本。如果这个根本迷乱了，家庭、家族、国家、天下要治理好是不可能的。应该重视的根本却轻视了，应该轻视的末节却加以重视了，没有这样的道理！

所谓要使自己的意念真诚，那就是不要自己欺骗自己，就像厌恶腐臭的气味，就像喜爱美丽的颜色，那样真诚自然，即让自己满意而又心安理得。所以，有修养的君子在独自面对自己的心念习性时特别慎重对待。小人独处时常常做不善的事，且没有什么不好的事是他不敢干的，一见到品德高尚的君子便躲躲闪闪，以掩盖他所做的坏事，且宣扬自己所做的好事。其实，别人看自己，就像能看见自己的肺肝一样清楚明白，掩盖又有什么用呢？这就叫作内心的真诚状况一定会表现到言行上来。所以，有修养的君子在独自面对自己的心念习性时一定会慎重对待。

曾子说："十只眼睛看着，十只手指着，这真是严厉啊！"财富可以装饰房屋，道德却可以滋润心灵，这样就心胸宽广而身体舒泰。所以，有修养的君子一定要使自己的心念真诚。

《诗经》上说："望着那淇水弯弯的岸边，嫩绿的竹子郁郁葱葱。有一位文质彬彬的君子，研究学问如加工骨器一样，不断切磋；修炼自己如打磨美玉那样，反复琢磨。他有着庄重的威仪，他有着盛大的美德。这样一个文质彬彬的君子，真是令人难忘啊！"诗中所说的如切如磋，是指他行道学习的态度；诗中所说的如琢如磨，是指他自我修炼的方式；说他庄重刚毅，是指他内心恭谨而知所戒惧；说他煊赫盛大，是指他仪表威严；说这样一个文质彬彬的君子，可真是令人难忘啊，是指因他的德性非常盛大，而达到了最完善的境界，所以使人难以忘怀呢。

《康诰》说："能够弘扬光明的德性。"《太甲》说："应该念念不忘上天赋予的光明德性。"《尧典》说："能够显明崇高的德性。"以上所说，都是在引导人们要自己显明德性的。商汤王刻在自己青铜制作的盥洗盆上的警辞说："如果的确能在一天内更新自己的观念与习惯，每天焕然一新，那么就应当始终不间断地养成新习惯，树立新道德。"《康诰》篇说："使民众振奋自新。"《诗经》说："周朝虽然是一个古老的诸侯国，但文王接受天命，而使民众自新。"因此，有修养的君子总是处处用尽心力，以求达到"至善"的最高境界。

《诗经》上说："天子管辖的广大地区，是老百姓选择居住的合适的地方。"《诗经》又说："鸣叫着的黄鸟，选择栖息在那多树的丘岗上。"孔子说："对于最终应该留住的地方，连黄鸟都明白自己该停驻在什么样的地方，难道人还不如一只鸟那样懂得选择吗？"《诗经》上说："德行高尚的文王啊，为人光明磊落，恭恭敬敬地归止在应该归止的地方。"做国君的，要以能做到仁爱为终极目标；做臣子的，要以能做到恭敬为终极目标；做子女的，要以能做到孝敬为终极目标；做父亲的，要以能做到慈爱为终极目标；与他人交往，要以能做到守信为终极目标。孔子说："听诉讼来审理案子，我和别人没什么两样。如果一定要不一样，那就在于：我力求使诉讼这类事情压根就不会发生。"让隐瞒真实情况的人不敢花言巧语，并且在内心十分畏惧社会上民意的制裁，这才可称为懂得了根本所在。

之所以说修养自己的德性在于首先要端正自己的心念，是因为心里有愤怒就不能够端正心念；心里有恐惧就不能够端正心念；心里有强烈爱好的乐子就不能够端正心念；心里有忧虑不安就不能够端正心念。心念不端正就像心不在自己身上一样，虽然在看，却什么也没看明白；虽然在听，却什么也没听懂；虽然在吃东西，却不真正知道什么滋味。这就是说，要修养自己必须先端正自己的心念。

一般所说的理顺自己的家族取决于修养自己，是因为人们对于自己所亲爱的人，就会有所偏爱；对于自己所厌恶的人，就会有所偏恶；对于自己所敬畏的人，就会有所偏向，对于自己所同情的人，就会有所偏护；对于自己所轻视的人，就会有所偏轻。因此，能喜爱某人又能看到那人的毛病，厌恶某人又能看到那人的美德，普天之下少有人做得到。所以有谚语说："人都不知道自己孩子的恶劣行为，人都不满足于自己庄稼的茁壮肥硕。"这就是自己不能完善修养，就不能理顺自己家族的道理。

一般所说治理国家必须先理顺自己的家庭和家族的缘由，是因为不能教化好家人而能教化好别人的情况，是不存在的。所以成德的君子，在家里也能完成德风教化在全国的推行。孝敬父母之道，也就是侍奉君主之道；尊爱兄长之道，就是事奉长辈之道；对子女的慈爱，可以推出去延伸到使唤民众身上。《康诰》说："保护平民百姓就要像保护初生的婴儿一样。"如果诚心诚意去保护他，虽然不能完全到达目标，也不会相差太远。要知道，没有先学会了养孩子再出嫁的女人啊！负责治国的人在自己的家族实行仁爱，全国也会兴起行仁之风；负责治国的人在自己的家族实行谦让，全国也会兴起谦让之风；负责治国的人贪婪暴戾，整个国家就会陷入混乱。其中几微之道的变化就是这样。这就是说，一句话能让事情败亡，一个人能使国家安定。尧舜带头行仁爱于天下，于是民众就跟着实行仁爱；桀纣带头暴戾于天下，老百姓就跟随着凶暴。治国者如果下达了命令，而自己的所作所为又与命令相反，老百姓是不会服从的。所以，君子自己先做到某种善事，然后才要求别人做到；自己先不做某类恶事，然后才去责怪别人。不采取这种推己及人的恕道而能使别人明白自己该做什么，那是不可能的。

所以，治理国家之道存在于理顺自己的家庭和家族中。《诗经》说："桃花妖娆如含笑，满枝叶儿碧又青，这个姑娘出嫁了，合家老少喜盈盈。"只有先使一个家族的人和睦相爱，然后才能教化全国的民众百姓。《诗经》说："家族之中情谊融洽，兄弟之间团结友爱。"只有先使一个家族兄弟和睦相处，然后才能教化广大的国民百姓。《诗经》说："国君的容貌举止庄重严肃，才能成为四方各国的表率。"只有当治国之人，无论是作为父亲、儿子，还是兄长、弟弟，都值得别人去效法时，老百姓才会去效法他。这就是要治理国家必先理顺家庭和家族的道理。

之所以说平定天下需要先治理好自己的国家，那是因为在上位的人如果尊敬老人，老百姓就会孝敬自己的父母；在上位的人尊重长辈，老百姓就会兴起敬长之风；在上位的人体恤并救济孤儿，老百姓就不会再做出悖理弃子之事。所以，有修养的君子总能把握衡量言行规矩的尺度。如果厌恶上司所做的某种行为，就不要用这种行为再去对待自己的下属；如果厌恶下属所做的某种行为，就不要用这种行为去对待自己的上司；如果厌恶以前的人对你所做的某种行为，就不要用这种行为去对待后来的人；如果厌恶在你后面的人对你的某种行为，就不要用这种行为去对待在你前面的人；如果厌恶在你右边的人对你的某种行为，就不要用这种行为去对待在你左边的人；如果厌恶在你左边的人对你的某种行为，就不要用这种行为去对待在你右边的人。这就叫作"絜矩之道"。《诗经》上说:"使人心悦诚服的君子啊,就是老百姓的父母。"老百姓喜欢的他也喜欢,老百姓厌恶的他也厌恶,这样的君子就可以说是老百姓的父母了。《诗经》上说:"雄伟巍峨的终南山,山崖险峻不可攀。权势显赫的尹太师,百姓目光都注视着你。"统治国家的人不可不谨慎,言行偏颇,就会被天下人推翻。《诗经》上说:"殷朝没有丧失民心的时候,还是能够与上天的要求相符的。请用殷朝的兴亡做个鉴戒吧,守住天命,永保国家并不是一件容易的事。"这就是说,治国者所行的道,得到民众的支持,就能得到国家,失去民众的支持,就会失去国家。所以,君子首先谨慎以待的是自己的德行。有德行才会有人拥护,有人拥护才能保有土地,有土地才会有财富,有财富才能供给使用。德是根本,财是末节。假如把根本当成了外在的东西,把末节当成了内在的根本,那就会和老百姓争夺利益。所以,君王聚货敛财,民心就会离散;君王散财于民,民心就会凝聚。这正如所说的话不合乎道理,人家也会用不合乎道理的话怼回来;财货以违背道义的方式获得,总有一天也会以不合道义的方式失去。《康诰》说:"上天所赋予人的性命,不是恒常不变的。"所行的道符合善的原则,便会得到上天之所命,所行的道不合乎善的原则,便会失去上天之所命。《楚书》说:"楚国没有什么称得上是珍宝,只把道善当作珍宝。"舅犯说:"流亡在外的人没有什么称得上是珍宝,只是把行仁爱人当作珍宝。"《秦誓》说:"如果有这样一位大臣，忠诚老实，虽然没有什么特别的本领，但他心胸宽广，且有容人的雅量。别人有什么本事，就如同他自己有一样；别人德才兼备，他心悦诚服，不只是在口头上表示，而是打心眼里赞赏。这种人的包容德性，就可以保护我们的子孙和百姓，也是完全可以为我们的子孙和百姓造福的啊！相反，如果别人有本领，他就心生嫉妒而讨厌；别人德才兼备，他便想方设法压制与排挤，无论如何容忍不得他人。用这种人，不仅不能保护我们的子孙和百姓，而且可以说是危险得很！"因此，有仁德的人会把这种容不得人的人流放远去，把他们驱逐到边远的四夷之地去，不让他们同住在国中。这就是说，只有具足仁爱品德的人，能做到该爱什么样的人，该恨什么样的人。发现人才而不能选拔，选拔了而不能重用，这是懈怠、轻慢；发现恶人而不能罢黜，罢黜了而不能把他驱逐得远远的，这是过错。喜欢众人所厌恶的，厌恶众人所喜欢的，这是违背人道的本性，灾难必定要落到他自己身上。所以，有修养的君子有其根本的原则，那一定是从讲话做事就忠诚信实而成就君子之德的，也一定是由心态骄傲放纵而失去君子之德的。

　　创造财富也有其重大的原则，即要使创造财富的人增多，消耗财富的人减少；使得管理财富的人勤奋，耗用财富的人节俭。这样做才能使国家财富经常保持充足。行仁的人利用财富来修养自身的德性，不行仁的人损害自己的德性去赚取钱财。没有听说过在上位的人喜欢行仁，在下位的人却不喜欢行义的情况的；没有听说过在下位的人喜欢行义，而不能帮助上位者完成其事业的情况的；没有听说过国家府库里存有财富，而财富不属于国家君王所享有的道理。孟献子说："养了四匹马拉车的士大夫之家，就不应该考虑养鸡养猪之类的事情；祭祀用冰来保存祭品的卿大夫家，就不必再自己去饲养牛羊了；拥有一百辆兵车的诸侯之家，就不必去收养搜刮民财的家臣。与其有搜刮民财的家臣，宁可有偷盗东西的家臣。"这意思是说，一个国家不应该以财货为利益，而应该以行义为大利。做了国君却还一心想着聚敛财货，这必然是从任用了小人才开始的。小人擅长做这些事，如果让他们去处理国家大事，结果必定是天灾人祸一齐降临；到这时即使贤能的人，也没有办法挽救了。所以，一个国家不应该以追求财货为利益，而应该以行义为利益。

（译文内容为编者加入，不代表毓老师及陈绢女士的观点。）

道善人文经典文库
让你能知味的中华经典解读丛书

图书・音视频・讲座
敬请关注

毓老师作品系列

毓老师说论语（修订版）	爱新觉罗・毓鋆讲述
毓老师说中庸	爱新觉罗・毓鋆讲述
毓老师说庄子	爱新觉罗・毓鋆讲述
毓老师说大学	爱新觉罗・毓鋆讲述
毓老师说老子	爱新觉罗・毓鋆讲述
毓老师说易经（全三卷）	爱新觉罗・毓鋆讲述
毓老师说（礼元录）	爱新觉罗・毓鋆讲述
毓老师说吴起太公兵法	爱新觉罗・毓鋆讲述
毓老师说公羊	爱新觉罗・毓鋆讲述
毓老师说春秋繁露（上下册）	爱新觉罗・毓鋆讲述
毓老师说管子	爱新觉罗・毓鋆讲述
毓老师说孙子兵法（修订版）	爱新觉罗・毓鋆讲述
毓老师说易传（修订版）	爱新觉罗・毓鋆讲述
毓老师说人物志（修订版）	爱新觉罗・毓鋆讲述
毓老师说孟子	爱新觉罗・毓鋆讲述
毓老师说诗书礼	爱新觉罗・毓鋆讲述

刘君祖作品系列

易经与现代生活	刘君祖
易经说什么	刘君祖
易经密码全译全解（全9辑）	刘君祖
易断全书（上下）	刘君祖
刘君祖经典讲堂（全十卷）	刘君祖
人物志详解	刘君祖

春秋繁露详解	刘君祖
孙子兵法新解	刘君祖
鬼谷子新解	刘君祖

吴怡作品系列

中国哲学史话	张起钧　吴　怡
禅与老庄	吴　怡
逍遥的庄子	吴　怡
易经应该这样用	吴　怡
易经新说——我在美国讲易经	吴　怡
老子新说——我在美国讲老子	吴　怡
庄子新说——我在美国讲庄子	吴　怡
中国哲学关键词50讲（汉英对照）	吴　怡
哲学与人生	吴　怡
禅与人生	吴　怡
整体生命心理学	吴　怡
碧岩录详解	吴　怡
系辞传详解	吴　怡
坛经详解	吴　怡
写给大家的中国哲学史	吴　怡
周易本义全译全解	吴　怡

高怀民作品系列

易经哲学精讲	高怀民
伟大的孕育：易经哲学精讲续篇	高怀民
智慧之巅：先秦哲学与希腊哲学	高怀民
易学史（三卷）	高怀民

辛意云作品系列

论语辛说	辛意云
老子辛说	辛意云
国学十六讲	辛意云
美学二十讲	辛意云

其他

易经与中医学	黄绍祖
论语故事	（日）下村湖人
汉字细说	林藜
新细说黄帝内经	徐芹庭
易经与管理	陈明德
周易话解	刘思白
汉字从头说起	吴宏一
道德经画说	张爽
史记的读法	阮芝生
论语新读法	崔正山
数位易经（上下）	陈文德
从心读资治通鉴	张元
公羊春秋的伦理思维与特质	林义正
《周易》《春秋》的诠释原理与应用	林义正
易经经传全义全解（上下册）	徐芹庭
周易程传全译全解	黄忠天
牟宗三演讲集（10 册）	牟宗三
易经之钥	陈炳文
唐诗之巅	朱琦

人与经典文库（陆续出版）

左传（已出）	张高评	论语	林义正
史记（已出）	王令樾	墨子	辛意云
大学（已出）	爱新觉罗·毓鋆	近思录	高柏园
中庸（已出）	爱新觉罗·毓鋆	管子	王俊彦
老子（已出）	吴怡	传习录	杨祖汉
庄子（已出）	吴怡	尔雅	卢国屏
易经系辞传（已出）	吴怡	孟子	袁保新
韩非子（已出）	高柏园	荀子	周德良
说文解字（已出）	吴宏一	孝经	庄兵
诗经	王令樾	淮南子	陈德和
六祖坛经	吴怡	唐诗	吕正惠
碧岩录	吴怡	古文观止	王基伦

四库全书	陈仕华	说 苑	殷善培
颜氏家训	周彦文	闲情偶寄	黄培青
聊斋志异	黄丽卿	围炉夜话	霍晋明
汉 书	宋淑萍	元人散曲	林淑贞
红楼梦	叶思芬	戏曲故事	郑柏彦
鬼谷子	刘君祖	楚 辞	吴旻旻
孙子兵法	刘君祖	水浒传	林保淳
人物志	刘君祖	盐铁论	林聪舜
春秋繁露	刘君祖	抱朴子	郑志明
孔子家语	崔锁江	列 子	萧振邦
明儒学案	周志文	吕氏春秋	赵中伟
黄帝内经	林文钦	尚 书	蒋秋华
指月录	黄连忠	礼 记	林素玟
宋词三百首	侯雅文	了凡四训	李懿纯
西游记	李志宏	高僧传	李幸玲
世说新语	尤雅姿	山海经	鹿忆鹿
老残游记	李瑞腾	东坡志林	曹淑娟
文心雕龙	陈秀美	……	